RUBÉN AGUILAR V.

JORGE G. CASTAÑEDA

El narco: la guerra fallida

punto de lectura

EL NARCO: LA GUERRA FALLIDA
Copyright © 2009 by Jorge Castañeda y Rubén Aguilar V.
c/o Guillermo Schavelzon & Asoc. Agencia Literaria
www.schavelzon.com
D.R. © 2009, David Deloarte de la fotografía.

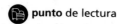 punto de lectura

De esta edición:

D.R. © Santillana Ediciones Generales, SA de CV
Universidad 767, colonia del Valle
CP 03100, México, D.F.
Teléfono: 54-20-75-30
www.puntodelectura.com.mx

Primera edición en Punto de Lectura (formato MAXI): octubre 2009
Primera reimpresión: diciembre de 2009

ISBN: 978-607-11-0315-4

Fotografía de cubierta: David Deloarte/Agencia ProcesoFoto
Diseño de cubierta: Víctor Ortiz Pelayo
Composición tipográfica: Ma. Alejandra Romero I.
Lectura de pruebas: Josu Iturbe
Cuidado de la edición: Jorge Solís Arenazas

Impreso en México

Agradecimientos

Los autores agradecen las sugerencias, críticas y ayuda de todos aquellos que prestaron su asistencia para la elaboración de este texto:

Jorge Andrés Castañeda, Elisa Estrada Holteng, Carlos Garza Falla, Rodrigo Islas, Ethan Nadelmann, Rolando Ocampo, Joel Ortega Juárez, Manuel Rodríguez, Andrés Rozental, Armando Santacruz Baca, Guillermo Schavelzon, Emma Vasallo, Alejandra Zerecero y Lourdes Zozaya.

Índice

Prólogo

Por Rubén Aguilar V. y Jorge G. Castañeda

Ni el narcotráfico ni su combate son nuevos en nuestro país. Pocos temas y turbulencias han resultado tan recurrentes en la historia reciente de México como la producción y el tránsito de drogas *desde* y *por* el territorio nacional, así como la violencia que suele acompañar al negocio de los estupefacientes. En la memoria de los autores, por lo menos desde la malograda Operación Intercepción, impuesta por Richard Nixon a Gustavo Díaz Ordaz en 1969, el comercio de narcóticos también ha ocupado un sitio privilegiado en nuestras relaciones con el exterior. Y en la memoria de algunos de los mexicanos perdura el primer contacto —desde los autosacrificios de Yacxilán hasta los delirios de Avándaro— con sustancias ilícitas y amplificadoras de los sentidos: las siempre entreabiertas puertas de la percepción de Huxley.

Pero a partir del 11 de diciembre del año 2006 las cosas cambiaron. El recién entronizado gobierno de Felipe Calderón decidió lanzar un ataque frontal contra el narcotráfico, en todo el territorio, con toda la fuerza a su alcance, todo el tiempo. Con esta afirmación no buscamos asociarnos a las fáciles y falaces tesis sobre la complicidad, desidia o complacencia de los regímenes anteriores ante el llamado crimen organizado. Dichas tesis no resisten ninguna de las pruebas del añejo: ni la lógica, ni la histórica, ni la personal. Resulta absurdo pensar que presidentes tan disímbolos (como Luis Echeverría, José López Portillo, Miguel de la Madrid, Carlos Salinas de Gortari, Ernesto Zedillo y Vicente Fox), llamados a gobernar en coyunturas tan diversas y dotados de bases de apoyo social tan diferentes, hayan sucumbido a la inconfesable tentación del pacto tácito o explícito con el narco.

La corrupción en México ha ido acotándose a lo largo de los últimos 20 años. Unos piensan que este fenómeno era más fuerte antes, mientras que otros creen exactamente lo contrario. No entramos a esa discusión, salvo para decir que no contamos con ningún elemento que permita afirmar que alguno de los ex presidentes citados sostuvo una relación de complicidad con el narcotráfico. Escogieron métodos para combatirlo más o menos eficaces, más o menos pulcros, más o menos confesables. Pero no fueron sus aliados.

Todos ellos se enfrentaron al narco: Echeverría con la Operación Cóndor, dirigida por Reta Trigo, en Sinaloa; López Portillo con su extraña encomienda al "Negro" Durazo (al encargarle a un hampón que controlara a los demás); De la Madrid, al padecer los estragos de la disolución de la Dirección Federal de Seguridad y la crisis por el asesinato de "Kiki" Camarena; Salinas y el "Gordo" Coello al perseguir a los sinaloenses, a los militares y judiciales de Tlalixcoyan, a los asesinos del cardenal Posadas Ocampo, y a los que generaron en su sexenio los enigmas del magnicidio; Zedillo al enfrentarse a Juan García Ábrego, al "narcogober" Mario Villanueva y al general Gutiérrez Rebollo; y Fox mediante la captura de más capos que nunca, aun con la fuga de Joaquín el "Chapo" Guzmán del penal de Puente Grande, Jalisco.

No obstante, jamás un sexenio le había apostado a una meta y abierto tantos frentes simultáneos como Calderón respecto del narcotráfico. De eso trata este pequeño opúsculo.

Para poner todas las cartas sobre la mesa, conviene empezar por el final. La conclusión de este texto, derivada del análisis de los argumentos esgrimidos por el gobierno para explicar/ justificar/ defender su decisión, es que la razón primordial de la declaración de guerra del 11 de diciembre de 2006 fue política: lograr la legitimación supuestamente perdida en las urnas y los plantones, a través de la guerra en los plantíos, las calles y las carreteras, ahora pobladas por mexicanos uniformados.

Llegamos a esta conclusión, junto con muchos otros que la vislumbraron mucho antes, a partir del examen, ciertamente sintético y a vuelo de pájaro, de las principales premisas de la acción gubernamental.

En primer lugar, sostenemos que la consigna central de la comunicación oficial ("Para que la droga no llegue a tus hijos") no se sostiene. México no ha pasado de país de tránsito a país de trasiego y consumo, tampoco ha aumentado de manera significativa la demanda de drogas, de acuerdo con las cifras del propio gobierno de Calderón, por desgracia aún no publicadas pero sí disponibles.

En segundo término, si la razón era la eclosión de la violencia, a casi tres años prevalece un clima de hostilidad superior al de antes, que venía declinando desde principios de los noventa. Por otro lado, tampoco es creíble que el motivo de la guerra fuera la penetración del narco en nuevas o más importantes esferas de la vida política nacional. Estamos hablando de México, no de Noruega. La complicidad del narco con las autoridades municipales, estatales y federales no nació ayer, sino hace una eternidad.

Enseguida, a propósito de dos temas externos, tratamos de demostrar que ni el supuesto tráfico de armas procedentes de Estados Unidos ni la demanda de sustancias ilícitas en ese país han contribuido a un mayor deterioro del que imperaba antes, durante el periodo transcurrido entre finales de los años sesenta y el arranque del sexenio de Felipe Calderón. La demanda estadounidense de estupefacientes ha permanecido estable a lo largo de estos 40 años, y sólo ha variado en su composición: mariguana en los sesenta y setenta; cocaína (y crack) de 1985 hasta finales de siglo; metanfetaminas desde entonces y hasta fecha reciente, cuando comenzó a desplomarse el uso de drogas sintéticas ante las imágenes de los estragos físicos causados por las mismas.

Es cierto que, mientras haya demanda en Estados Unidos, habrá oferta en México, en América Latina y en el mundo entero; pero también es cierto que siempre existirá esa demanda, y que la sociedad estadounidense ha concluido, con razón, que el esfuerzo por reducirla no vale la pena; se trata de una constante, no de una variable.

Por último, intentaremos mostrar que el "éxito" de Álvaro Uribe en Colombia es un contraejemplo en relación con la estrategia calderonista. Daremos datos y argumentos que ilustran cómo Colombia ha logrado notables avances en la limitación de los daños colaterales provocados por el narcotráfico —secuestros, atentados, guerrillas, paramilitares, corrupción, hostigamiento por parte de Estados Unidos— *sin* reducir la superficie sembrada de hoja de coca, ni lograr un descenso de la producción y exportación de cocaína. Procuraremos proponer una estrategia alternativa, basada en las realidades mexicanas y no en las medias verdades gubernamentales; una estrategia que incorpore las tendencias más actuales de reducción del daño y despenalización; de sellamiento terrestre y marítimo del Istmo de Tehuantepec; de sellamiento aéreo de la frontera sur con un *no fly zone;* de la puesta al día de los acomodos regionales tácitos con el ancestral negocio. Tal estrategia requiere de la cooperación de Estados Unidos, en los términos posibles (ya basta de ser limosneros con garrote), así como la construcción de un dispositivo de seguridad mexicano con el que no contamos.

Éste no es un texto de investigación, aunque hemos intentado proveerle al lector del mayor número posible de datos que fundamenten las tesis expuestas. Tampoco es un simple panfleto —género invaluable de la literatura política—, ya que buscamos *problematizar* cada asunto, cada propuesta, cada crítica. Hemos excluido diversos temas, no porque carezcan de relevancia, ni porque falten cosas que decir al respecto.

Las implicaciones de militarizar la lucha contra el narco al grado que se ha hecho, las consecuencias de esta decisión para las fuerzas armadas, el sistema político y la sociedad mexicana a largo plazo son temas ante los cuales preferimos remitir a trabajos de destacados investigadores, como Luis Astorga, Arturo Alvarado Mendoza y Sergio Aguayo Quezada del Colegio de México, entre otros.

Las violaciones a los derechos humanos, sus consecuencias internas y externas también preferimos saltárnoslas, no por menospreciarlas, sino porque otros autores y organizaciones han hecho al respecto una labor superior de lo que nosotros podríamos hacer. En particular, por el lugar que ocupa uno de los autores en la Junta de Gobierno de Human Rights Watch, remitimos al lector a los distintos informes que dicho organismo ha divulgado sobre el tema del narco, las fuerzas armadas mexicanas y los derechos humanos.

Con la excepción de algunos pasajes aislados, también hemos dejado de lado la discusión sobre la Iniciativa Mérida y sus implicaciones, en su forma actual y en su evolución posible, para las relaciones México–Estados Unidos.

Por último, no entramos más que tangencialmente en el análisis de la corrupción que el crimen organizado pudiera estar provocando o alentando en las distintas esferas gubernamentales, salvo en la medida en que afecta el control territorial por el Estado o la complicidad de autoridades estatales y locales con el narcotráfico. Dado que hemos tratado de proporcionarle datos al lector, nos pareció indebido discurrir sobre un tema para el cual no disponemos de información.

Nuestro propósito radica en explicar, informar y desmitificar, más que en el proselitismo corifeo u opositor. Si el lector concluye esta rápida y (ojalá) fácil lectura sintiéndose más informado y menos seguro de sus convicciones anteriores, nos daremos por bien servidos.

Capítulo I

¿Llegan las drogas a tus hijos?

En toda su propaganda, el gobierno del presidente Calderón ha subrayado que la principal justificación de la guerra contra el narcotráfico consiste en un hecho alarmante: México se ha convertido en un país de consumo de drogas y el narcomenudeo afecta a los niños y jóvenes de manera creciente. Para sostenerse, el argumento exige datos duros que demuestren, primero, que el consumo general ha aumentado y, segundo, que lo ha hecho de manera particular entre los jóvenes. Aumentos que deben reflejarse más allá del crecimiento poblacional y de la expansión de las clases medias, que pasaron de 6 millones de familias en 1995 a casi 12 millones hoy. Resulta lógico que si se ensancha este sector de la sociedad, debe aumentar el consumo de drogas, un bien semisuntuario propio de las clases medias de todos los países del mundo; México no es ni puede ser la excepción.

Para justificar la acción emprendida y publicitada por el gobierno, el crecimiento del consumo no sólo debe ser producto de la inercia ya señalada, sino ser significativo en términos *absolutos*, es decir, involucrar un número importante de consumidores, y también *relativo*, sólo así es posible comparar el nivel de consumo actual con el anterior y con el tamaño de la población. Sin embargo, a partir de las estadísticas gubernamentales, es claro que el consumo de drogas en México sigue siendo mínimo, dado el tamaño de la población; el alza del consumo en los últimos 10 años resulta, a su vez, sumamente reducido en términos porcentuales. Las drogas no han llegado y no están llegando a la población en general, tampoco a los más jóvenes, por lo menos en los términos que se quiere hacer creer.

Diez años de mediciones oficiales: 1998–2008

Desde 1988, el gobierno federal realiza cada cinco años una Encuesta Nacional de Adicciones, a cargo de la Secretaría de Salud (ss) y a través del Consejo Nacional contra las Adicciones (Conadic). La serie permite dar seguimiento al problema y analizar su evolución. Aquí lo haremos con los datos de las tres últimas encuestas, levantadas en las administraciones de los presidentes Zedillo, Fox y Calderón.

Según dichos estudios, el porcentaje de la población urbana, entre 12 y 65 años, que reconoce haber probado alguna vez cualquier droga ilícita evolucionó así: 5.3 por ciento en 1998, 4.2 por ciento en 2002 y 5.5 por ciento en 2008.

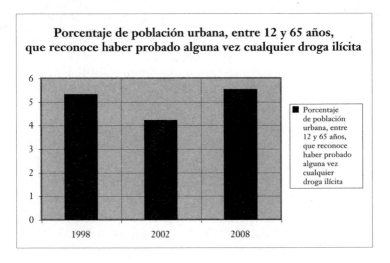

Porcentaje de población urbana, entre 12 y 65 años, que reconoce haber probado alguna vez cualquier droga ilícita

La cifra aumentó lentamente de 1988 a 1993, pero a partir de ese año se estabilizó, e incluso descendió en 2002. Los datos arrojan la inexistencia de una relación directa entre el discurso oficial, que asegura que el problema se agrava, y lo que indican sus propias estadísticas. A lo largo de estos últimos 10 años, la estrategia de los gobiernos en la lucha contra el narcotráfico no ha modificado, ni para más ni para menos, las tendencias inerciales del consumo, que permanecen bajas.

Conviene anotar que, entre los que admiten haber consumido drogas alguna vez en su vida, sólo un pequeño porcentaje presenta un real problema de adicción. La encuesta del 2002 revela una suma de 307 mil personas adictas y para 2008, seis años después, de 465 mil. Un incremento de menos de seis por ciento al año en un país de 110 millones de habitantes representa apenas 0.4 por ciento de la población.

En Estados Unidos, por ejemplo, la cifra correspondiente alcanza tres por ciento de una población seis veces mayor que la de México; en Alemania llega a 2.1 por ciento, y 1.8 por ciento en Holanda. El de México es un caso de crecimiento *relativo* pequeño, a partir de un base *absoluta* exigua al extremo.

El gobierno de Calderón publicó los resultados "preliminares" de la v Encuesta Nacional de Adiciones en septiembre de 2008. La prensa no entendió el significado de la misma y reaccionó de forma intempestiva. De manera sensacionalista y falsa, detectó un alza exorbitante del consumo, cuando la encuesta proporcionaba una información contraria. Por ello el gobierno la bajó del portal y prometió divulgar posteriormente los datos definitivos. Un año después seguimos esperándolos. No obstante, los autores tuvimos acceso a la versión final, que no difiere gran cosa de los "preliminares", aunque sí ofrece una información más amplia, reseñada a continuación.

En salud pública se utiliza el concepto de *prevalencia* para señalar si una persona consumió droga por lo menos una vez durante el *último año*, y el de *incidencia* para indicar si se consumió droga alguna vez *en la vida*. La *adicción* se define como un estado de intoxicación crónica y periódica, caracterizada por una dependencia psíquica y generalmente también física.

Dentro del ámbito internacional, México se ubica en el rango de los países de bajo consumo. La Organización de las Naciones Unidas (ONU) estima una *prevalencia* mundial promedio de 4.2 por ciento para cualquier droga ilícita entre la población mayor de 15 años; en México el promedio es de 1.3 por ciento. La Organización Mundial de la Salud (OMS) calculó en 7.8 por ciento el índice mundial de *incidencia*, superior al de México con 5.5 por ciento, y muy inferior al de Estados Unidos con 42 por ciento (11 de cada 17 estadounidenses dice haber consumido drogas alguna vez en su vida). Al comparar a México con otros países de América Latina, de acuerdo con un estudio de la Organización de los Estados Americanos (OEA) en 2008, poseemos una de las tasas más bajas de incidencia de mariguana, con cuatro por ciento, mientras Chile tiene 27 por ciento, Argentina 17 por ciento, Bolivia 11 por ciento, Uruguay 14 por ciento, España 11.2 por ciento, Canadá 16.8 por ciento y Estados Unidos 12.6 por ciento. Lo mismo ocurre con la cocaína: la incidencia en México es de 2.5 por ciento, en Argentina de ocho por ciento, Chile seis por ciento, Uruguay cinco por ciento, Bolivia cuatro por ciento, España siete por ciento, Canadá 3.3 por ciento y Estados Unidos 14.7 por ciento.

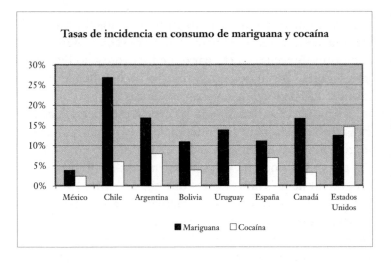

Tasas de incidencia en consumo de mariguana y cocaína

Los especialistas sostienen que el consumo de alcohol y tabaco es el principal disparador del uso de drogas ilegales, pero en México este consumo también resulta menor que en otros países. En 2002, el porcentaje de la población entre 12 y 65 años que dijo haber ingerido alcohol o fumado alguna vez en su vida fue de 65 por ciento y 41 por ciento, respectivamente. En el estudio citado de la OEA, se estima que la población de 15 a 65 años que admitió haber bebido alcohol alguna vez en su vida asciende a 88 por ciento en Chile, a 86 por ciento en Perú, a 86 por ciento en Bolivia y a 81 por ciento en Uruguay. El cotejo en materia de cigarro es análogo. El consumo mexicano se sitúa muy por debajo del de otros países no sólo del mundo, con muy amplias clases medias, sino también del área latinoamericana.

En México, las encuestas demuestran que el grupo donde el consumo de estupefacientes creció más es el de los hombres entre 18 y 34 años, y en segundo lugar los de 35 a 65 años. El grupo de los adolescentes —de los 12 a los 17 años— ha aumentado sólo marginalmente. En el segmento de niños que está cursando los últimos años de la primaria y la secundaria, el consumo no ha crecido significativamente. ¿Sirve la guerra para que las drogas no lleguen a las escuelas? Los datos implican que no han llegado, o no en montos mayores que en otras épocas.

En todo caso, ¿cuáles son las drogas que en realidad llegan a las escuelas? En un porcentaje muy mayoritario, sólo mariguana: la incidencia fue de 4.7 por ciento en 1998; de 3.5 por ciento en 2002 y 4.4 por ciento en 2008. De nuevo, ningún aumento claro. En los últimos 10 años el consumo fuerte de drogas se ha concentrado en la mariguana, que es tres o cuatro veces mayor que el de cocaína, cuya incidencia alcanzó 1.45 por ciento en 1998, 1.2 por ciento en 2002 y 2.5 por ciento en 2008: un incremento impactante, pero a partir de una base mínima, y a un nivel nimio también.

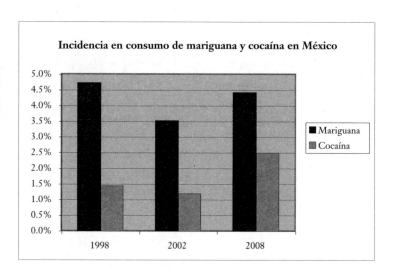

Incidencia en consumo de mariguana y cocaína en México

Ahora bien, cuando el gobierno aduce que México se ha convertido en un fuerte consumidor, donde ha crecido de manera alarmante el consumo de la cocaína, conviene cotejarlo con la prevalencia de otros países. En México fue de 0.3 por ciento en 2002 y de 0.4 por ciento en 2008, mientras que en Estados Unidos llegó a 2.5 por ciento en 2005 y a 2.8 por ciento en 2008, y en Canadá de 1.20 por ciento en 2004 a 2.25 por ciento en 2005. En Argentina pasó de 1.9 por ciento en 1995 a 2.6 por ciento en 2006, y en Brasil de 0.4 por ciento en 2001 a 0.7 por ciento en 2005.

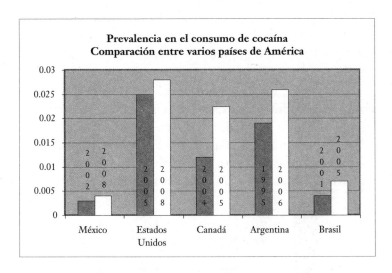

Prevalencia en el consumo de cocaína
Comparación entre varios países de América

En estos casos, pero también en muchos otros de Europa y América Latina, los números son muy superiores a los de México. Y en lo tocante a otras drogas, son todavía menores en nuestro país. Para inhalantes, las cifras mexicanas son: 0.8 por ciento en 1998; 0.45 por ciento en 2002 y 0.70 por ciento en 2008; para alucinógenos: 0.36 por ciento en 1998, 0.25 por ciento en 2002 y 0.45 por ciento en 2008; para heroína: 0.09 por ciento en 1998, 0.09 por ciento en 2002 y 0.20 por ciento en 2008. Vemos entonces cómo el consumo de estas drogas se estabiliza o incluso tiende a bajar, pero siempre en niveles absolutos ínfimos.

La encuesta de 1998 sugería que el consumo de nuevas sustancias (metanfetaminas, crack y drogas médicas) constituía un problema aislado y con poca presencia en la población en su conjunto. En ese momento, el uso (prevalente) del crack fue de 0.1 por ciento; no varió en 2002 y en 2008 alcanzó 0.60 por ciento. Subió proporcionalmente, pero permaneció en niveles mínimos. En la misma encuesta, el consumo de metanfetaminas sumó 0.01 por ciento, pasó a 0.08 por ciento en 2002, a 0.50 por ciento en 2008. De nuevo, un alza *relativa* seria, pero minúscula en *absoluto*. La prevalencia del consumo de drogas "nuevas", de acuerdo con un estudio de la ONU de 2005, fue de 0.1 por ciento en México, de 1.8 por ciento en Estados Unidos, de 0.8 por ciento en Canadá, de 0.7 por ciento en Brasil, de 0.6 por ciento en Argentina y Venezuela. Los niveles de nuestros vecinos centroamericanos ascienden a tres por ciento en El Salvador, a uno por ciento en Costa Rica y a 0.9 por ciento en Guatemala.

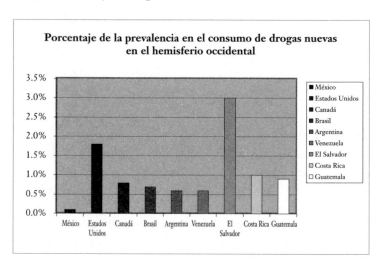

Porcentaje de la prevalencia en el consumo de drogas nuevas en el hemisferio occidental

Existen variaciones pequeñas entre el norte, el centro y el sur del país. El norte padece una tasa ligeramente superior al porcentaje nacional, pero el sur alcanza apenas la mitad de las otras dos regiones. En el consumo por ciudades, Tijuana, Ciudad Juárez, el Distrito Federal, Guadalajara, Monterrey y Matamoros superan considerablemente tanto al promedio nacional como al de las regiones donde se ubican. Tijuana presenta un nivel de consumo tres veces mayor al promedio nacional, y casi dos y media veces superior al de su región. Ciudad Juárez casi duplica el promedio nacional y sufre 50 por ciento más de consumo que el resto de la región. En Monterrey y Matamoros se han observado consumos desiguales: en ocasiones crecen, pero también disminuyen, en diferentes años. Entre hombres y mujeres de todo el país, los alucinógenos tienden a ser sustancias de experimentación, en tanto que la mariguana y los estimulantes en los hombres, y los estimulantes y la cocaína entre las mujeres, representan drogas cuyo uso con frecuencia continúa después del primer experimento.

En la Ciudad de México, tercer consumidor nacional, la encuesta de estudiantes 2006 del Instituto Nacional de Psiquiatría (INPRF) demuestra, en comparación con el 2003, que la prevalencia del consumo total de drogas pasó de 15.5 por ciento a 17.8 por ciento; de nuevo un incremento insignificante. Aumentó el consumo de mariguana y de inhalantes, se mantuvo estable el de los tranquilizantes y disminuyó el de cocaína. En estudios por aparecer, realizados por investigadores del INPRF, se comprueba que el consumo de drogas ilícitas sigue muy bajo y no ha crecido en estados como Campeche, Yucatán y Quintana Roo, aunque se hace necesario estudiar de manera particular Cancún y la Riviera Maya. Lo mismo sucede con Aguascalientes y Querétaro, donde aumenta el consumo de las drogas lícitas, alcohol y tabaco, pero no de las ilegales.

En un estudio comparativo sobre el consumo de drogas ilegales en Tijuana, Ciudad Juárez y Monterrey, realizado por el INPRF, los resultados indican que el consumo no aumenta en forma considerable e incluso disminuye. En tre 1998 y 2005 pasó de 1.6 por ciento a 3.9 por ciento en Ciudad Juárez; de 1.3 por ciento a 1.5 por ciento en Monterrey y disminuyó de 4.4 por ciento a 3.2 por ciento en Tijuana.

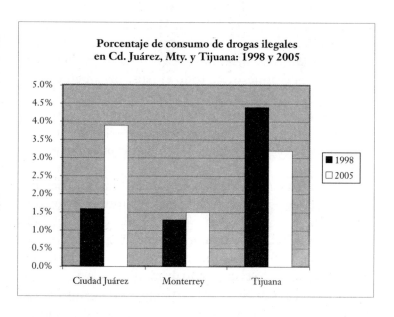

Porcentaje de consumo de drogas ilegales en Cd. Juárez, Mty. y Tijuana: 1998 y 2005

El consumo en el último mes, también para esos años, resultó todavía más bajo y pasó de 1.1 por ciento a 0.2 por ciento en Monterrey; de cuatro por ciento a dos por ciento en Tijuana y de 1.2 por ciento a 2.2 por ciento en Ciudad Juárez.

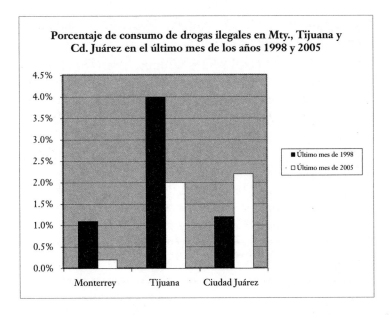

Porcentaje de consumo de drogas ilegales en Mty., Tijuana y Cd. Juárez en el último mes de los años 1998 y 2005

■ Último mes de 1998
□ Último mes de 2005

Monterrey   Tijuana   Ciudad Juárez

Los precios de la droga

El *precio* de la cocaína ha disminuido a nivel mundial, aun cuando ha subido y bajado la *producción* de coca. Una razón nos la entrega la Junta Internacional de Fiscalización de Estupefacientes (JIFE): el rendimiento promedio de una hectárea de cultivo de hoja de coca ha pasado de 4.7 a 7.3 kilos en tiempos recientes. En los últimos años ha crecido la extensión cultivada en Perú y Bolivia, y se ha mantenido igual la de Colombia. Por lo tanto, la cantidad de cocaína disponible en el mundo se ha incrementado. Por ello, los precios internacionales y nacionales tienden a bajar, según el *Informe Mundial sobre las Drogas 2009* Oficina de las Naciones Unidas contra la Droga y el Delito (UNODC). De los 18 países de Europa revisados entre 2005 y 2006, el precio por gramo de cocaína al menudeo descendió en nueve de ellos, en cinco se mantuvo igual y se elevó en cuatro. De 2004 a 2005, subió en Estados Unidos, luego bajó hasta el 2008, y después volvió a aumentar. En la mayoría de los países estudiados, los precios son significativamente menores que en 1998.

Lo mismo ocurre con el precio de la cocaína al mayoreo (por kilo). En ocho de los países decreció y en 10 se mantuvo igual, pero en ninguno subió. El país europeo en el cual se vendió más bajo fue en Portugal (34 mil dólares el kilo) y el más alto fue Irlanda, a 82 mil dólares. El precio para Canadá fue de 33 mil dólares el kilo y en México de 7 mil 900 dólares (para el Distrito Federal). Los precios en la gran mayoría de los países latinoamericanos son menores que en México, con excepción de las islas del Caribe. En Sudamérica fluctúan entre 5 mil y 7 mil dólares el kilo, salvo en Colombia, Bolivia, Ecuador y Brasil, donde no alcanzan los 4 mil dólares. En tres de los países de Centroamérica (Guatemala, El Salvador y Honduras) el precio por kilo es mayor que en México y en otros tres (Panamá, Costa Rica y Belice) es menor. Vemos, así, que tanto al mayoreo como al menudeo los precios oscilan coyunturalmente, pero la tendencia estructural es descendente.

Uno de los autores de este libro participó en una reunión de Los Pinos en abril de 2005, en la que el entonces secretario de Seguridad Pública y posteriormente procurador, de acuerdo con información compartida por Estados Unidos y México, dijo que el kilo de cocaína pura se vendía en Colombia entre mil 500 y mil 700 dólares; al cruzar a Panamá llegaba a 2 mil o 2 mil 500 dólares, y así seguía subiendo a medida que avanzaba en su recorrido por Centroamérica o el Caribe, para llegar a México, en cuya frontera norte el precio oscilaba entre 12 mil y 15 mil dórales (en agosto de 2009, Genaro García Luna dio la cifra de 12 mil 500 dólares). Al ingresar a Estados Unidos, el kilo alcanza los 20 mil dólares. Ese mismo kilo se vendía al mayoreo en 30 mil dólares en Nueva York o en Seattle y podía llegar, al menudeo, hasta 97 mil dólares.

Actualmente, en México el gramo de coca cuesta en la calle entre 15 y 30 dólares, según su pureza; en Estados Unidos, a finales de 2008, el precio era de 200 dólares. Ni al menudeo ni al mayoreo somos un mercado atractivo, por más que se dificulte el paso de mercancía de México al norte (la entrada a México es igual para ambos propósitos). El diferencial es tan grande y la demanda nacional tan exigua que vale mil veces más la pena correr el riesgo de introducirla a Estados Unidos: *business is business*.

El 28 de abril de 2009, el congreso aprobó reformas a la Ley General de Salud, al Código Penal Federal y al Código Federal de Procedimientos Penales, que en agosto fue firmado y publicado por el presidente Calderón. Se autoriza que una persona pueda portar hasta cinco gramos de mariguana, dos gramos de opio, 500 miligramos de cocaína, 50 miligramos de heroína y 40 miligramos de metanfetamina. Se trata de cantidades muy menores incluso para un consumidor ocasional, ya no se diga para un adicto, que en realidad no liberalizan el consumo; por el contrario, lo penalizan, ya que portar una cantidad mayor a esos límites implica la cárcel. En sentido contrario a lo hecho por el congreso y el ejecutivo mexicanos, y en la línea de la tendencia en Estados Unidos y Europa, la Corte Suprema de Justicia de Argentina decidió que castigar la posesión de drogas para el consumo personal es anticonstitucional; lo mismo ha hecho una sala del Tribunal de Justicia del estado de São Paulo en Brasil.

Las experiencias internacionales revelan que la despenalización del uso de drogas no entraña un mayor consumo;

en cambio, sí existe una relación directa con la reducción de la violencia e implica que el problema se ubique, de manera abierta y clara, no en el ámbito de la seguridad, sino en el de la salud pública.

Algunas consideraciones adicionales

Los datos ponen de manifiesto que en México el consumo de drogas ilícitas no ha subido de manera significativa en los últimos 10 años. Su crecimiento ha sido sólo inercial, producto del crecimiento de la población y de la expansión de las clases medias desde 1996, que han visto crecer su capacidad de compra. Dicho consumo es muy inferior al de Estados Unidos y Canadá, pero también al de países de Europa y América Latina. Se podría argumentar que los altos niveles de ingreso de las amplias capas medias de esos países explican su nivel de consumo, y que lo exiguo de los recursos de las nuevas clases medias mexicanas impide que en nuestro país aumente más la demanda de drogas. Sin embargo, en casi todos los países de América Latina los niveles de consumo son muy superiores a los de México, a pesar de que contamos con un nivel general de vida y un ingreso *per cápita* más alto que la mayoría de los países de la región. No es, pues, el nivel de ingreso lo que explica el mayor o menor consumo de las drogas, lo cual no significa que, a la larga, cualquier ampliación de las capas medias, y sobre todo su transformación en el segmento mayoritario del país, no entrañará de modo ineludible un incremento del consumo de estupefacientes en México. No existe ninguna razón —ni los valores, ni la fuerza de la familia mexicana, ni el catolicismo del pueblo mexicano, ni el entorno social— que nos salve de terminar pareciéndonos a las demás sociedades de clase media en el mundo. Justamente en eso consiste esta característica: en la clase media, todos los individuos son semejantes, todos los gatos son pardos. Al final, todas las sociedades de clase media se parecen.

La "guerra" que la presente administración decidió dar contra el narcotráfico no se puede justificar por un mayor consumo (el cual es inexistente), ni por la presión del narcomenudeo. Según las encuestas oficiales, más de 60 por ciento de los jóvenes en general y 50 por ciento de las jóvenes usaron drogas por primera vez porque se las regaló un amigo; a cerca de 20 por ciento de los hombres y a 40 por ciento de las mujeres se las dio un familiar; a seis por ciento y cuatro por ciento, respectivamente, un compañero de la escuela; y solamente cinco por ciento de los hombres, y *ninguna* mujer, dijo que las obtuvo de un vendedor.

Habrá que buscar las verdaderas razones de la "guerra" del gobierno contra el crimen organizado en otra parte. No hay elementos para fundarla en el consumo y la venta que se hace a los niños o a los jóvenes. Según los datos del propio gobierno, esto no ocurre, y no hay indicios de que vaya a suceder, por lo menos en los próximos años. Los números aquí reseñados, a partir de información oficial — aunque no divulgada— y de organismos internacionales, procuran ubicar en su justa dimensión el tamaño del problema; no desdeñan el drama personal y familiar que supone que un joven corra el riesgo de destruir su vida probando drogas; tampoco ignoran la necesidad de que el gobierno trabaje en campañas de prevención y atención de las personas, adultos y jóvenes, presas de las drogas. Simplemente aclaran las cosas.

Capítulo II

La falacia de la violencia

La segunda justificación esgrimida por el gobierno de Felipe Calderón para su declaración de guerra contra el crimen organizado radica en una extraña combinación de violencia, razón de estado y corrupción–penetración del narco en las esferas políticas. Desde mediados de diciembre de 2006, así como en repetidas ocasiones posteriores, distintos voceros del régimen y el propio presidente han afirmado que los niveles de violencia alcanzados en los últimos meses de la administración anterior se combinaron con el descuido, la omisión o la desidia de los sexenios precedentes, provocando una virtual expropiación de partes significativas del territorio nacional al poder del estado y una complicidad insolapable de las autoridades municipales y estatales con el negocio de los estupefacientes. Quizás la expresión más sincera de estas tesis fue expuesta por el ex procurador general de la República, Eduardo Medina Mora, en una larga entrevista concedida al diario español *El País* en noviembre de 2008:

> Hay policías en algunas zonas de la frontera norte que directamente fueron privatizadas por el narcotráfico. El presidente Felipe Calderón ha dicho que las organizaciones criminales en alguna de esas zonas han disputado al Estado sus potestades básicas (...) Era una cuestión absolutamente inaplazable (...) Las

organizaciones de violencia organizada estaban tocando la puerta de las más importantes instituciones del Estado. Por eso tenía que darse una respuesta tan contundente, tan determinada (…) Ciertamente, el narcotráfico ha tenido capacidad de infiltrar instituciones de seguridad y de procuración de justicia.

Trataremos de examinar y rebatir la madeja de tres explicaciones, una por una. Ésta se basaba en un malentendido implícito o deliberado y en una determinada evaluación de la opinión pública mexicana al tomar posesión el nuevo presidente, evaluación que era parcialmente cierta pero que con el tiempo dejó de serlo. La confusión estribó en una indebida amalgama de inseguridad, narcotráfico y violencia. Las encuestas levantadas por Los Pinos y el PAN, es decir, por Rafael Giménez, el encuestador de cabecera de Felipe Calderón desde tiempo atrás, mostraban que el principal motivo de preocupación de la sociedad mexicana en el 2006 efectivamente consistía en la inseguridad y violencia. Una encuesta de GAUSSC (realizada para Los Pinos) en junio del 2006 lo demostraba claramente: 36 por ciento de la población consideraba que el reto más importante en México era la delincuencia y la inseguridad, mientras que 28 por ciento identificó el desempleo como el problema más apremiante. Asimismo, una encuesta de *El Universal* de junio de 2006 encontró que 39 por ciento de la población identificó el asalto en la vía pública como su preocupación mayor, contra 35 por ciento que mencionó el entorno económico como el tema primordial. Otra encuesta, ahora de Ipsos-Bimsa, de noviembre de 2006, mostró que 60 por ciento de la población confiaba en que Calderón podría disminuir la violencia y la delincuencia.

Este predominio del tema de la inseguridad se debió al papel preponderante que diversas escenas violentas ocuparon en los medios masivos de comunicación en 2006. Las más conocidas y espectaculares, y también las que mayor temor podían infundirle al mexicano, siempre reticente ante el conflicto y la violencia, fueron las manifestaciones, los plantones y las tomas de tribuna por parte del Peje y del PRD, entre julio y diciembre; los cinco decapitados de Uruapan en septiembre; los incidentes violentos en Oaxaca durante los últimos meses del sexenio de Fox, con la sublevación de la Asamblea Popular de los Pueblos de Oaxaca (APPO); el aparente incremento en los secuestros, tanto express, a la población en general, como de magnates o sus familiares, pasando de una cifra de 325 denuncias por secuestro presentadas en 2005 ante las autoridades del Ministerio Público a 595 en 2006; y, de manera menos contundente, un incremento aparente en el número de asaltos, robos en casas o en la vía pública, e incluso homicidios dolosos. Este ascenso de la inseguridad en la atención de la ciudadanía probablemente ocurrió en parte por *default*: debido al crecimiento del PIB en 2005 y 2006, el tema económico perdió importancia y, en automático, subieron los otros.

Los números de la violencia

La gente no necesariamente acertaba. La evolución de las cifras de homicidios anuales de 1997 a 2008 es elocuente. De acuerdo con datos del Sistema Nacional de Seguridad Pública (SNSP) y el Consejo Nacional de Población (Conapo), el número de homicidios *totales* en 1998 fue de 33 mil 942; en 1999 de 33 mil 242; en el 2000 de 31 mil 704; en el 2001 de 31 mil 524; en el 2002 de 29 mil 67; en el 2003 de

28 mil 202; en el 2004 de 26 mil 668; en el 2005 de 25 mil 780; en el 2006 de 27 mil 160 y en el 2007 de 25 mil 129. Si tomamos en cuenta el crecimiento de la población, la tendencia es claramente decreciente; *per cápita*, se trata de una caída de casi 20 por ciento sobre nueve años.

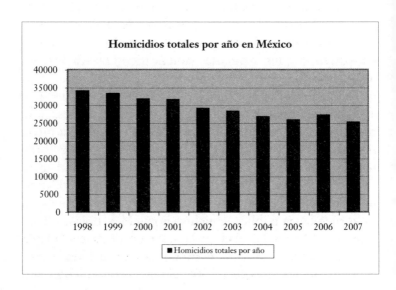

En agosto de 2009, el propio Calderón y Medina Mora realizaron sendas declaraciones subrayando cómo el número de homicidios dolosos en México por cada 100 mil habitantes había caído sistemáticamente, de 100 en 1998 a 10.7 en 2008, y cómo la cifra mexicana resultaba inferior a la de toda América Latina. De acuerdo con el *Índice de Incidencia Delictiva y Violencia 2009* del Instituto Ciudadano de Estudios sobre la Inseguridad (ICESI), la media nacional de homicidios dolosos por cada 100 mil habitantes en México bajó de 17 en 1997 hasta 10 en 2007, para repuntar en 2008 a 12. Algunas entidades federativas (como Chihuahua con 47, Sinaloa con 29, Guerrero con 23, Durango con 22, y Baja California con 21) padecen tasas superiores a países como Colombia (36), Rusia (20) y Ecuador (17), pero el promedio mexicano es relativamente bajo, como lo ha demostrado Fernando Escalante Gonzalbo en su notable ensayo de la revista *Nexos* en septiembre de 2009.

Nuevamente, los números del gobierno refutan su propia tesis. Si estas afirmaciones son ciertas (y no hay razón para dudar de ellas), ¿para qué diablos había que desatar una guerra sangrienta contra el narco debido a una violencia intolerable, cuando ésta venía bajando?

Los homicidios dolosos también han disminuido en términos absolutos durante los últimos 10 años, al pasar de 16 mil 163 en 1997 a 10 mil 291 en 2007: un decremento de más de 30 por ciento.

Asimismo, de acuerdo con los datos del SNSP y Conapo, el número de secuestros registrados en México se redujo en los últimos 10 años. En 1997 se produjeron mil 45 registros de secuestro ante agencias del Ministerio Público en todo el país, mientras que en 1998 se presentaron sólo 734; en 1999, 590; en 2000, 601; en 2001, 521; en 2002, 433; en 2003, 436; en 2004, 334; y, en 2005, 325 casos.

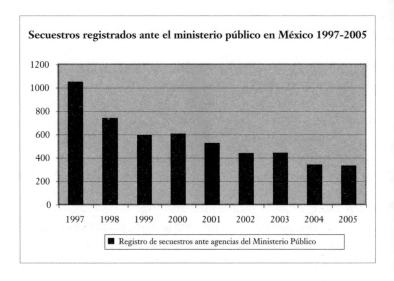

Secuestros registrados ante el ministerio público en México 1997-2005

■ Registro de secuestros ante agencias del Ministerio Público

No había tal auge de la violencia o la inseguridad en México, ni siquiera los delitos menores: robo a transeúntes, robo de vehículos o robo en casa habitación.

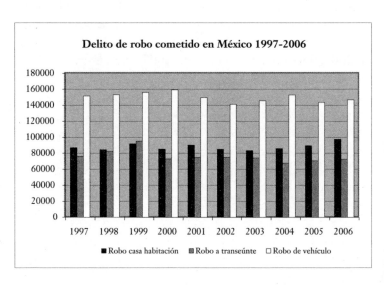

Delito de robo cometido en México 1997-2006

■ Robo casa habitación   ▣ Robo a transeúnte   □ Robo de vehículo

Las percepciones de la violencia

De cualquier manera, las *percepciones* generaban entre la ciudadanía una severa zozobra y un reclamo de firmeza, de mano dura, de *law and order* que se justificaba por el magro progreso logrado durante la administración de Vicente Fox en construir un aparato policiaco eficaz. Conviene evocar una anécdota del año 2004, que vivió uno de los autores de este libro en compañía de Felipe Calderón, durante un foro de la Coparmex celebrado en la Ciudad de México. El autor en cuestión repitió en ese foro, sin mayores aspavientos ni talento oratorio, lo que pregonaba en todo el país a propósito de la necesidad de una reforma policiaca, judicial y del Ministerio Público. Felipe Calderón, con dotes retóricas muy superiores, lanzó una perorata centrada casi exclusivamente en la necesidad de la mano firme, obviamente sin precisar de quién debía ser la mano, ni qué entendía por firmeza. Huelga decir que en la votación posterior a las ponencias, ganó de calle Calderón.

Si el propio Calderón y sus asesores, junto con la *comentocracia*, hubieran escudriñado las encuestas y la opinión de la sociedad mexicana se habrían percatado de que la inseguridad y la violencia que preocupaban a la ciudadanía no eran, sin embargo, asimilables a los estragos producto del narcotráfico. En cada encuesta de aquella época, como en las de ahora, ante preguntas abiertas, o si se separa inseguridad de narcotráfico en las lista de opciones ofrecida al encuestado, el narco aparece como objeto de preocupación de una ínfima minoría de la población, rara vez superior a cinco por ciento. En julio de 2005 Ipsos-Bimsa realizó una encuesta titulada *Demandas ciudadanas para el próximo Presidente de la República*, en la cual le preguntaban a los entrevistados qué pedirían en materia de seguridad; en las respuestas no figuró el narcotráfico. Datos de Ipsos-Bimsa de septiembre de 2006 arrojaban que sólo para 1.7 por ciento de la población el narcotráfico constituía el problema más importante del país, aunque la suma de delincuencia e inseguridad alcanzaba 18 por ciento. En agosto de 2007, la misma encuestadora encontraba que seis por ciento de los entrevistados creían que el principal problema que enfrentaba el país era el narcotráfico, y en agosto de 2008, al preguntarle a los entrevistados cuál era la principal causa del aumento de la inseguridad en México, sólo cinco por ciento contestó que se debía al narcotráfico.

El discurso cotidiano de los mexicanos valida este deslinde. La inseguridad y violencia a la que teme la gente es aquélla de la que se siente víctima; las balaceras y los ajustes de cuentas entre narcos nunca suscitaron gran temor en la sociedad. Calderón hubiera podido perfectamente lanzar una magna cruzada contra la inseguridad, la violencia y el crimen *no* organizado, los delitos menores de los cuales se derivó en Nueva York la postura de cero tolerancia de Rudy Giuliani. Pero esa campaña jamás hubiera despertado las pasiones, las adhesiones y la sensación de peligro como una "guerra contra el narco". Y, sobre todo, no hubiera sido necesario ni deseable vestir la casaca militar para publicitar el carácter de Comandante en Jefe del presidente. El ejército no podía convertirse en una fuerza antisecuestro, antifranelera y directamente antiPeje.

La evolución de la violencia

En todo caso, si el sustento de la guerra contra el narco consistía en abatir la inseguridad y la violencia, supuestamente procedentes de un modo u otro del crimen organizado, los *resultados* a casi tres años de distancia son simplemente indefendibles. No existe ningún elemento que permita argumentar que el número y la notoriedad de los secuestros, de los asaltos o de las riñas entre narcos haya disminuido. Más aún, tanto encuestas como recopilaciones por los medios de comunicación revelan una suma mayor de ejecuciones y más temor de la población que nunca. Según *Reforma*, hasta agosto de 2009, se habían producido 16 mil 88 ejecuciones en los dos años y ocho meses del sexenio de Felipe Calderón. Para *Milenio* el dato es de 17 mil 952 y para la Procuraduría General de la República (PGR) fue de 15 mil 88. Peor aún, las cifras van creciendo: 2 mil 275 en 2007, según *Reforma*; 3 mil 127 según la PGR; y 2 mil 773 para *Milenio*; En 2008, 5 mil 207 para *Reforma*; según la PGR, 5 mil 661; y, para *Milenio*, 5 mil 685. Por último, *Reforma* contabilizó 3 mil 518, *Milenio* 5 mil 48 y la PGR 6 mil 300 para los primeros ocho meses de 2009, un incremento de casi 50 por ciento sobre el mismo periodo del año anterior.

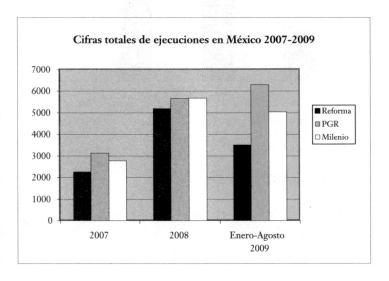

Cifras totales de ejecuciones en México 2007-2009

Los meses pico se presentaron en junio y julio de 2009, con 769 y 854 ejecuciones respectivamente (cifras de *Milenio*). En cambio, en 2006, el último año del gobierno anterior y aquel en el que indudablemente se prestó menos atención a la seguridad, se llevaron a cabo 729 ejecuciones vinculadas al narco (cifras de *Reforma*), un promedio de dos diarias. En 2007, sumaron 6.1 al día; en 2008 se elevaron a 15.4 y, durante el primer semestre de 2009, superaron la insólita cifra de 18 diarias (cifras de *Milenio*).

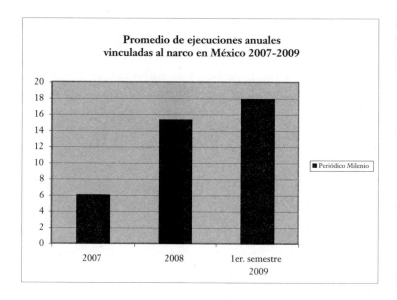

Promedio de ejecuciones anuales vinculadas al narco en México 2007-2009

¿Por qué los muertos?

El aumento de la violencia en los últimos dos años y medio merece una explicación más allá del supuesto "éxito" de la guerra contra el narco y la concomitante desesperación de los capos y sus sicarios, pero también rebasa los alcances de este ensayo. Sin embargo, podemos repetir algunas razones que han sido desarrolladas por otros autores y que tienen sentido. De acuerdo con Shannon O'Neil, en un ensayo del número de julio–agosto 2009 de *Foreign Affairs*, una de las principales causas del aumento de la violencia reside en el desmantelamiento, a lo largo de los últimos 10 años, del poder político concentrado que vivió o padeció México durante 70 años. El sistema de partido único, dice O'Neil, permitió una actuación unificada de los tres poderes del gobierno federal y de los poderes estatales y municipales con sus fuerzas policiacas correspondientes. La derrota del PRI, la desaparición de cualquier mayoría en las dos cámaras del congreso, la división de las 32 gubernaturas estatales en tres grupos, en ocasiones peleados entre ellos y con el poder central, llevaron a tales dispersión y debilitamiento del poder a secas, que los distintos cárteles del narco, ya sin enfrentar límites, iniciaron diversas guerras que llevaron a la carnicería cotidiana de estos tiempos.

Una segunda explicación proviene del ya citado y celebrado ensayo de Fernando Escalante Gonzalbo en *Nexos* de septiembre de 2009, que aclara cómo la violencia nacional viene disminuyendo desde hace ya casi 20 años, pero que esa violencia en picada es más bien aquella vinculada a las luchas campesinas por la tierra, en localidades pequeñas y en estados como Oaxaca, Guerrero, Morelos, Estado de México y, podríamos agregar, Chiapas. Esa violencia ha sido sustituida por la de las grandes urbes del país que tienen más de un millón de habitantes y que están vinculadas más directamente con el tráfico de drogas, en los estados clásicos del narco (Sinaloa, Durango, Chihuahua, Baja California), donde es más difícil para el Estado ir controlando una violencia a la cual está menos acostumbrado.

Una tercera explicación proviene del mismo número de *Nexos*, en un artículo escrito por Eduardo Guerrero Gutiérrez, que desmenuza los homicidios y ejecuciones, ciudad por ciudad, estado por estado y guerra por guerra, para concluir no sólo que gran parte de los muertos son sicarios de bajo nivel de los cárteles, sino que en parte provienen de "la detención o muerte de capos que ocupan un lugar destacado en la dirigencia de un cartél y los decomisos de grandes cargamentos de droga, dinero o armas. Frecuentemente, la información necesaria para arrestar a un capo o decomisar un cargamento es provista por un cártel rival, con el objetivo de iniciar una nueva ofensiva justo en el momento en que inicie el conflicto intracártel propiciado por el arresto del capo o el decomiso".

Por ultimo, existe una explicación más especulativa, más bien atribuible a Organizaciones No Gubernamentales (ONG's) y grupos defensores de los derechos humanos, tanto en México como en el extranjero, que serían una especie de "falsos positivos" a la mexicana: sicarios o narcos de medio pelo, en realidad ejecutados por las fuerzas del Estado y luego abonados a la cuenta de otros narcos. Por desgracia, no se puede descartar esta hipótesis.

El despliegue de más de 50 mil efectivos del ejército y la Marina por todo el país, y la duplicación de los efectivos operacionales de la Policía Federal, gracias a la incorporación de una brigada militar adicional, pueden o no haber mermado la fuerza y organización del narcotráfico. Pero de ninguna manera han reducido la violencia o la inseguridad —real o percibida— de la gente, ni en los narcobastiones como Ciudad Juárez, ni en la capital de la República. Así, en una encuesta realizada por *El Diario* de Ciudad Juárez en junio de 2009, dos de cada tres habitantes de la aglomeración fronteriza consideraron que la inseguridad pública "está peor ahora", o "mucho peor", comparada con la situación que prevalecía un año antes. Después del envío de más de 10 mil 800 efectivos castrenses y/o de la Policía Federal durante medio año a través del llamado Operativo Conjunto Chihuahua, sólo dos por ciento de los encuestados consideró que la situación de seguridad era "mucho mejor ahora". Para colmo, la ciudadanía carece de esperanza: 38 por ciento de los entrevistados opinó que la inseguridad en Ciudad Juárez iba a empeorar, mientras que 27 por ciento consideraba que podría mejorar "un poco". Pero quizás la parte más interesante del estudio se refiere al tipo de delito padecido por el ciudadano o su familia: 23 por ciento indicó que se trataba de robo a casa habitación, 18 por ciento a robo de auto, 4.7 por ciento a robo en su lugar de trabajo, cinco por ciento a problemas con pandillas y únicamente *2.5 por ciento es víctima del crimen organizado*. Esto se presenta en la que, para orgullo o vergüenza de sus moradores, puede ser considerada la capital del narco en nuestro país.

En cuanto al Distrito Federal y la zona conurbada del Estado de México, el Centro de Investigación y Docencia Económicas (CIDE) ha levantado encuestas desde el 2005 sobre *Victimización y Eficacia Institucional*. El crecimiento anual de delitos locales se había mantenido relativamente estable —aunque excesivo—, a un ritmo de 20 a 25 por ciento de incremento desde el 2005, pero en 2008 se disparó a casi 40 por ciento en el DF, y a más de 30 por ciento en el Estado de México. La misma tendencia se observa para delitos patrimoniales serios y delitos violentos: se nota una ligera tendencia decreciente del 2005 al 2007, mas ya no en 2008. El CIDE expone sus conclusiones de la siguiente manera: "No se han percibido reducciones significativas en ningún delito; por el contrario, en todos los delitos específicos que se miden, las tasas son las más altas de toda la serie histórica.

El 40 por ciento de la población tiene bastante o mucho temor de ser víctima de un delito y 30 por ciento cree que lo será el próximo año".

El llamado índice de satisfacción ciudadana también permaneció estable tanto en el DF como en el Estado de México durante todo este periodo, con una patética calificación de cuatro sobre 10 desde el 2005. Entre los seis eventos frente a los que la ciudadanía manifiesta tener mayor miedo, no pintan obviamente ni el secuestro, ni el narcomenudeo, ni la violencia intranarcos o las decapitaciones. En otras palabras, si se trataba de infundirle a la ciudadanía una sensación de mayor seguridad, el fracaso es patente.

Las elecciones de la violencia

Ahora bien, la mejor prueba de la disonancia de las tesis gubernamentales con el sentir de los mexicanos reside en los resultados electorales del 5 de julio de 2009. No tanto en los porcentajes de votación o el número de diputados, sino en las motivaciones del voto detectadas por las encuestas de salida. En la de Consulta Mitofsky, por ejemplo, en una proporción de más de dos a uno (65.8 por ciento *versus* 25.8 por ciento), los votantes confesaron que su principal preocupación residía en los problemas económicos, no en la inseguridad. En el sondeo de boca de urna de GEA-ISA, el narcotráfico representó la motivación importante de sólo 15 por ciento de los electores. En pesquisas previas a la elección, como una muy completa de GEA-ISA realizada en junio de 2009 —que encierra la ventaja de no poder ser tildada de anticalderonista— se pudo detectar la falta de correspondencia entre la estrategia del gobierno de centrar todo en la guerra contra el narco, la violencia y la inseguridad (29 por ciento de la población), y el sentir de la gente, mucho más preocupada por el desempleo, la inflación y la crisis económica en general (49 por ciento de la población). Por último, en una encuesta de Demotecnia, en febrero de 2009, a la pregunta de "¿Qué piensa que va a influir más en su decisión de por cuál partido votar: los problemas de inseguridad o los problemas económicos?", 23 por ciento de los encuestados respondió que los problemas económicos, y 20 por ciento respondió que serían los problemas de inseguridad, los cuales, de nuevo, no debían identificarse con el narcotráfico.

Como ya lo señalamos, si la justificación de la guerra de Calderón fue responder a una exigencia popular, al tratar de reducir la violencia y la inseguridad que afecta a la gente, e incluso las balaceras y la desfachatez asesina entre los narcos, no ha dado resultados, ni siquiera en materia de secuestros. En 2008 se registraron ante el Ministerio Público 825 secuestros, 30 por ciento más que en el 2006, y más del doble del promedio de 2002–2005, sin alcanzar nunca el total de 1997.

Por otro lado, una encuesta conjunta de México Unido contra la Delincuencia y Consulta Mitofsky, realizada entre marzo y mayo de 2009, reveló que tres de cada cuatro mexicanos percibía un deterioro de seguridad a lo largo de los 12 meses anteriores, mientras que sólo 24 por ciento apreciaba una mejora. El estudio también demostró que 72 por ciento de lo encuestados admitió seguir sintiendo temor de sufrir algún secuestro. Asimismo, según el encuestador Daniel Lund y MundAméricas (una firma que ha sido identificada con el PRD), en febrero 2008 sólo 19 por ciento consideraba un éxito la guerra contra el narco de Calderón.

Quizás los números más lapidarios surgen de una encuesta telefónica de GCE, ciertamente con una muestra pequeña y en plena ofensiva de La Familia en Michoacán, pocos días después de las elecciones de 2009. La primera pregunta fue formulada así: "Como consecuencia de la captura de los líderes de La Familia, ha habido venganza de narcotraficantes contra militares y policías, dejando varios muertos y heridos. ¿Usted cree que vale la pena la situación que estamos viviendo actualmente como país con tal de acabar contra el narcotráfico?". La respuesta, demoledora para el régimen, fue de 44 por ciento *no*, y 41 por ciento *sí*. Y en el mismo sentido: "Haciendo un recuento de lo que ha sucedido hasta el día de hoy, ¿quién está ganando esta guerra, el crimen organizado o el gobierno?". De nuevo, la réplica categórica: 51.3 por ciento, dijo que el crimen organizado, y 28.3 por ciento que el gobierno. En el mismo tenor, Demotecnia informaba que a la pregunta de: "Las estrategias para enfrentar el problema del narcotráfico sólo por la vía policial y militar han sido un fracaso en América Latina. ¿Usted está de acuerdo o no?", 63 por ciento respondió que sí.

Antes de pasar a las otras dos justificaciones, a saber, la pérdida del control territorial y la penetración del narcotráfico en las esferas políticas y las instituciones, conviene examinar una de las respuestas gubernamentales a las críticas hasta aquí esbozadas. Tal vez todo lo sostenido sea cierto, aduce el gobierno, pero es el precio a pagar por años de descuido o complicidad, y el costo inevitable de lograr el debilitamiento y desvío del crimen organizado en México (entiéndase, por desvío, el que los narcos se larguen a hacer sus chingaderas a otra parte). Esta respuesta es mucho más difícil de evaluar, ya que para cada tesis o anuncio del gobierno, hay una contrarréplica, y para cada contrarréplica, una dúplica. Según Ana Laura Magaloni, por ejemplo, el decomiso de drogas —argumento usado intensamente por el gobierno— no es el indicador más exacto para medir el éxito del combate a los cárteles: "El decomiso es una variable, mas no es indicador de éxito, al final, la pérdida (de droga) se compensa con la elevación de su costo". El aumento del volumen de cocaína decomisada puede deberse a una mayor eficacia del gobierno, o a mayores envíos desde Colombia a Estados Unidos vía México, de los cuales "cae" una misma proporción que antes. También puede deberse a un aumento en los costos de transacción implicados en el negocio: para colocar una tonelada en Estados Unidos, hay que sacrificar dos en el camino, en lugar de una sola como antes. Lo que no sabemos es si el desvío de droga y el debilitamiento de los narcotraficantes está teniendo lugar, si vamos por buen camino, ni cuándo llegaremos. Pero, sobre todo, a tres años del arranque de la guerra, desconocemos el costo del viaje y el destino final.

Capítulo III

La razón de Estado

Escribimos al principio del capítulo anterior que la segunda vertiente de esta segunda razón de ser de la guerra contra el narco consistía en la razón de estado. Se trata, de alguna manera, del anverso de la tesis del estado fallido. El gobierno de Calderón rechaza, con fundamento, las versiones norteamericanas sobre el carácter fallido del Estado mexicano contemporáneo. Pero luego insiste en que uno de los motivos para emprender la embestida contra el crimen organizado es la pérdida de control, poder y vigencia del Estado en determinadas partes del territorio nacional, justo las características incipientes de un Estado fallido. Este razonamiento se combina con el siguiente: se han disparado la corrupción y la penetración de la esfera política y de las instituciones por el narcotráfico. Son también cara y corona de la misma moneda: lo que el Estado pierde, el narco gana. Se trata de características tradicionales de cualquier poder estatal. De acuerdo con la entrevista, ya citada, de Medina Mora en *El País*, algunas de éstas se han ido perdiendo: "el derecho exclusivo al uso legítimo de la fuerza, el derecho exclusivo de cobrar impuestos, y en algunas ocasiones el derecho exclusivo de dictar normas de carácter general". Pero también se presentan ciertos vicios nuevos y propios del país en el que vivimos: captura por el narco de las policías municipales, ministeriales o estatales; de las autoridades electas en los más de 2 mil 500 municipios del país; el control de plazas y rutas de la entrada y salida de estupefacientes o de insumos para fabricarlos, en las aduanas y los puertos; los derechos de piso cobrados a personas y empresas en varias ciudades; las pistas aéreas clandestinas y las fronteras terrestres. De nuevo, en esta materia, como en la del consumo de narcóticos en México, el *quid* reside en la diferencia: no es que no haya consumo hoy en México, ni que no exista corrupción, penetración y sustitución del Estado; el dilema consiste en determinar con precisión si hay más que antes, y si el hipotético incremento compensa el inmenso costo de la guerra.

De la Madrid y Gavin

Sobre la penetración del narco en las esferas políticas e instituciones, así como la perdida del control estatal de ciertas zonas del país, conviene citar al ex presidente Miguel de la Madrid en *Cambio de rumbo*, sus memorias publicadas en 2004. Recuerda una entrevista que celebró con el entonces embajador de Estados Unidos, John Gavin, el 19 de abril de 1985:

> La insolencia [de Gavin] llega al extremo de haberme dicho..., no en forma de rumor sino de aseveración, que el hijo del general Arévalo (secretario de la Defensa) estaba mezclado en todo esto. Me habló también de otro miembro del gabinete y de varios gobernadores, entre los que desde luego incluía al de Sinaloa, al de Chihuahua y al de Zacatecas. Incluso llegó a mencionar al de Jalisco, lo cual ya me pareció excesivo (*sic*). Se refirió también a comandantes de zonas militares y procuradores de justicia. Su argumentación para

acusar al hijo de Arévalo consistía en que éste era muy amigo de Miguel Aldana Ibarra, ex director de la Interpol en México.

La respuesta de De La Madrid a Gavin y al país —¿dónde estaban las pruebas?— era válida pero parcial. Válida porque efectivamente Gavin no presentaba pruebas, la traía contra el gobierno en turno y daba por buenos rumores de toda índole. Pero parcial también, porque el propio De la Madrid, por ejemplo, al confesar que le parecía "excesivo" que Gavin culpara a Enrique Álvarez del Castillo, gobernador de Jalisco, por lo menos abría la puerta a que se pensara que cuando se refería al de Sinaloa (Antonio Toledo Corro), al de Chihuahua (Óscar Ornelas) y al de Zacatecas (José Guadalupe Cervantes Corona) no era "excesivo".

Estamos hablando de hace 25 años, bajo un gobierno que fue de los menos corruptos del último medio siglo; citamos a De la Madrid, que a su vez cita a Gavin, que a su vez recogía chismes, que a su vez provenían de regiones a propósito de las cuales todo México decía y sigue diciendo lo mismo, sin que se puedan presentar mayores pruebas al respecto. Estados como Baja California, Chihuahua, Tamaulipas, Sinaloa, Durango, Zacatecas y Guerrero, junto con sus gobernadores, procuradores estatales, jefes de la policía, secretarios de gobierno, amigos y familiares de gobernadores, desde tiempos inmemoriales, se han hallado bajo sospecha de compra o complicidad con el narcotráfico. En algunos de esos estados el motivo es su frontera con Estados Unidos, el destino de la droga; en otros, por ser zonas de cultivo fértil y tradicional, desde la *Acapulco Gold* de los años sesenta hasta la amapola o adormidera de *alto rendimiento* de Sinaloa, o la mariguana y la amapola del llamado "Triángulo de Oro", en el vértice de Chihuahua, Durango y

Sinaloa. Allí nació la legendaria "plantación", por no existir mejor término, de El Búfalo, que fue justamente el objeto del reclamo de Gavin a De la Madrid en relación con el hijo de Arévalo Gardoqui. Hasta donde los autores recordamos, el único gobernador consignado por vínculos con el narco hasta hoy ha sido "El Chueco" Mario Villanueva, de Quintana Roo, denunciado por Ernesto Zedillo y capturado por Vicente Fox; Flavio Romero de Velasco, de Jalisco, fue detenido momentáneamente en 1998, 15 años después de haber dejado la gubernatura y por motivos sólo indirectamente ligados al narcotráfico. Pero resulta inverosímil que de la lista de Gavin, o de la de todos los gobernadores de estos estados en los años sesenta, setenta y ochenta, ni uno merecía haber sido acusado, enjuiciado y sentenciado.

Ya sugerimos la contradicción entre el rechazo a la tesis del Estado fallido y el argumento de la territorialidad mermada del Estado mexicano debido al descuido de sexenios anteriores. Pero este argumento se tambalea también por las otras razones mencionadas y que ilustraremos unas líneas más abajo, a saber, que siempre han existido vacíos de control territorial en México, aunque nunca de la magnitud de los que imperaron en Colombia, por ejemplo. Vacíos que, por cierto, existen en muchos países en distintos momentos: desde la zona del Bronx en Nueva York conocida como Fort Apache hasta las *banlieux* parisinas, donde miles de jóvenes franco–árabes queman decenas de vehículos cuando se exacerban los ánimos. El asunto en México no es que haya debilidad territorial, ni que llegue a los extremos aparentes de ahora, como el derecho de piso o la extorsión vivida en muchas regiones del país, pero en particular, parece, por empresarios de Tampico y de toda Tamaulipas. Los sindicatos mexicanos vienen cobrando un derecho de piso, por ejemplo, a los productores de cine extranjero, desde hace décadas; los policías de crucero y la Federal de Caminos cobran su "mordida de piso" también desde que éramos niños; los inspectores de salubridad de antaño, entre muchos otros, hacían lo mismo con miles de restauranteros, dueños de bares y antros, y hasta con dueños de pequeños hoteles. Y todo esto empalidece frente al *protection money* exigido por la mafia norteamericana durante décadas en las grandes ciudades de población italiana, irlandesa o judía.

El asunto es que la pérdida de control territorial, cuando acontece, sea provisional, específica y acotada. Sabemos que no suele ser permanente, estado por estado. Los dos ejemplos más notables pueden ser el estado de Michoacán y la ciudad de Guadalajara. En los años ochenta, al menos, el estado de los Cárdenas no estaba exento de cultivos serranos de mariguana, pero de ninguna manera se trataba de una entidad federativa especialmente penetrada o dominada por el narco ni despojada del control territorial nacional y estatal. Todo indica que hoy sí lo es. En cambio, a finales de los años setenta y casi toda la década de los ochenta, Guadalajara fue prácticamente conquistada por los narcos de Sinaloa, expulsados de su estado nativo por la Operación Cóndor. La Perla de Occidente se volvió un pueblo del Wild West. Entre los narcos, la Federación de Estudiantes de Guadalajara, los Zuno, y las autoridades estatales se transformó en una ciudad sin ley. Hoy, apenas 20 años después, es de nuevo un monumento a la belleza de sus jacarandas en abril, de su arquitectura, de sus habitantes y "habitantas" (como diría Fox), un parangón de seguridad y tranquilidad. Al grado de que ahí se celebran cumbres internacionales por considerar a "Tapatilandia" como un santuario capaz de recibir sin peligro a Obama, a múltiples mandatarios latinoamericanos, hace cinco años, y a multitudes de escritores y editores cada noviembre en la Feria Internacional del Libro. Todo esto no se debe a que los narcos hayan desaparecido de Guadalajara, aunque muchos fueron detenidos o ultimados al final del siglo pasado, sino porque ya se insertaron en la sociedad tapatía. Basta visitar las dos torres y las casas del fraccionamiento Puerta de Hierro, y sobre todo sus estacionamientos subterráneos, para saber que ahí viven los hijos y los nietos de *los capos de antaño*. Ahí están sus Ferraris, sus Porches, sus Lamborginis, sus Mercedes, además de sus spas y gimnasios que difícilmente generan un *cashflow* para permitir esa opulencia, pero que ya son parte del paisaje.

Como lo veremos al final de este pequeño libro, a propósito del caso hipotético de la ciudad de Baltimore, la extraterritorialidad en nuevos estados puede ser recuperada por viejos métodos: trazar claramente una línea divisoria entre lo que se puede y lo que no se puede, entre las actividades y las zonas "toleradas" que muchos conocimos en nuestros años mozos, y aquéllas por completo inaceptables. Estos arreglos y entendimientos siempre han existido y sin la menor duda siguen existiendo: es más, según Mauricio Fernández, el nuevo alcalde de San Pedro Garza García, vecino del municipio más rico del país, éste es exactamente el tipo de pacto implícito al que se llegó desde hace años con el crimen organizado en esa aglomeración. Lo importante es que no se eternicen, que abarquen ámbitos específicos y acotados, y que sean el resultado de un entendimiento tácito, nunca formalizado o verbalizado. A eso se refería uno de nosotros hace meses cuando le cayó el mundo encima por haber sugerido este tipo de enfoque.

Lo mismo que decíamos de los gobernadores y funcionarios puede afirmarse de las policías municipales, estatales e incluso federales. En 1984, el ex presidente De la Madrid tuvo un enfrentamiento con Estados Unidos debido a la ejecución de Enrique "Kiki" Camarena, agente encubierto de la Agencia Antidrogas de aquel país (DEA), y por la fuga de su asesino, Rafael Caro Quintero, quien se dirigió a Costa Rica acompañado de su novia Sarita, sobrina de Guillermo Cossío Vidaurri (otro que después también sería gobernador de Jalisco). Esto desembocó en la disolución de la Dirección Federal de Seguridad, de infame memoria para sus víctimas, tanto bajo la dirección de su fundador, Inurrueta de la Fuente, en 1947, como de Fernando Gutiérrez Barrios, Javier García Paniagua, Miguel Nazar Haro y, por supuesto, José Antonio Pérez Zorrilla, el autor intelectual del asesinato de Manuel Buendía. De la Madrid y Manuel Bartlett, secretario de Gobernación en aquel sexenio, no la disolvieron por violar derechos humanos, sino por estar infiltrada e infestada de narcos. Lo mismo sucedió con la Policía Judicial Federal que, en 1998, también fue desmantelada para renacer como la Agencia Federal de Investigación en 2001, a su vez inservible hoy en día.

Si nos referimos al gabinete presidencial, resulta tan difícil demostrar o probar que algunos de sus integrantes hayan sido cómplices, activos o pasivos, del crimen organizado como imaginar que ninguno lo haya sido. Desde 1970, por ejemplo, han pasado por la PGR 14 titulares. ¿Alguien puede creer que ninguno haya tejido vínculos con el crimen organizado?

Pablo Acosta y su pueblo bicicletero

Donde más ha prevalecido la continuidad en este rubro de la vida nacional es en el ámbito local. Abundan los textos al respecto, pero uno en particular merece ser destacado, por el nivel de detalle que nos brinda: la microhistoria de Pablo Acosta y del pueblo de Ojinaga, originalmente publicada en 1990 por Terrence E. Poppa: *Drug Lord, The Life and Death of a Mexican Kingpin* (traducido y resumido al español como *El zar de la droga*).

La organización de Acosta, que nació a finales de los sesenta y se consolidó a partir de 1982, sustituyó a la de Manuel Carrasco y Domingo Aranda; se dedicaba original y principalmente al tráfico de mariguana en Ojinaga y el Valle del Río Conchos, a tiro de piedra de la frontera con Estados Unidos, y de Presidio, otro pueblo igual de bicicletero que Ojinaga. No tienen desperdicio algunos pasajes de un informe confidencial de 223 páginas de la DEA, escrito en abril de 1986 y reproducido por Poppa:

> Este informe se centra en la organización de Pablo Acosta, presunto responsable del tráfico de la mayor parte de los estupefacientes que entran a Texas desde Ojinaga. La organización de Acosta lleva a cabo sus operaciones de tráfico de drogas principalmente por tierra y en ocasiones a bordo de avionetas particulares. La heroína que distribuye se caracteriza por su alta pureza; se sabe que alcanza 93 por ciento y se le conoce como brea negra debido a su apariencia. Su mariguana ha mejorado; la mayoría de las recientes incautaciones atribuibles a su organización han sido de cargas de la más alta calidad. También es responsable de aproximadamente 70 por ciento de los robos de pick-ups y camionetas de doble tracción en las zonas del Panhandle, del oeste de Texas y del este de Nuevo México. Estos vehículos son conducidos directamente a México para intercambiarlos por droga. También se sabe que la organización de Acosta

recibe gran cantidad de armas robadas que canjea por droga. Tiene más de 500 miembros y asociados, con facciones en Amarillo, Dallas, Fort Worth, Hereford, Lubbock, Big Spring, Odessa, Midland, Kermit, Pecos, Monahans, Fort Stockton, Presidio, El Paso y Big Bend, en Texas, y Hobbs, Portales, Artesia y Roswell en Nuevo México. Para gozar de esta impunidad, paga protección de alto nivel tanto a funcionarios federales como locales del gobierno mexicano y gasta cerca de 100 mil dólares mensuales por esta protección.

De acuerdo con el mismo informe, "Acosta dirige su organización desde el pueblo de Ojinaga con una mano férrea y no tolera ningún tipo de rebelión. Si hay la sospecha de que se está filtrando información, o si uno de sus miembros o asociados no actúa en la forma esperada, se les retira cuanto antes y de forma permanente. Tiene una forma sumamente rigurosa de hacer valer su propia ley, que consiste en eliminar a los infractores. Acosta se interesa de manera personal y activa en cualquier tipo de maniobras sucias, o en lo que puedan decir sus enemigos y competidores. Sus ejecuciones son muy aparatosas y se realizan en formas muy peculiares, como ejemplo para los demás. Es una persona desalmada y extremadamente peligrosa, que tiene muy poca consideración por la vida humana, si ésta interfiere en el desarrollo de su operación. A su organización se le achacan cuando menos 20 asesinatos desde 1982. Inteligencia no confirmada indica que Pablo Acosta y su organización obtienen protección del más alto nivel que va desde la Ciudad de México hasta el gobernador Óscar Ornelas de Chihuahua; a nivel local se cree que recibe la protección del general comandante de la zona militar. La Policía Judicial Federal en la región de Ojinaga ha sido conformada supuestamente por varios de sus hombres y se encuentra directamente controlada por él a través de uno de sus comandantes".

A la pregunta clásica de "quién está manejando la plaza", en este caso en referencia a Ojinaga, Ciudad Camargo y Ciudad Chihuahua, la respuesta durante esos años fue una sola: Pablo Acosta.

El libro describe con gran detalle la cantidad impresionante de ejecuciones que tuvieron lugar en las zonas aledañas a Ojinaga durante esos años, sobre todo en la guerra entre la organización de Acosta y el clan de los Arévalo, que comenzó con la ejecución de Lili Arévalo: 26 muertos en tres años, apenas entre ellos. Poppa explica que en la balacera en la que mató a su competidor Fermín Arévalo, no sólo se encontraron 95 casquillos cerca del cadáver; para despejar cualquier duda sobre su crueldad como narcotraficante, el propio Acosta le cercenó al mentado Fermín tanto el pene como los testículos para después ofrecérselos a la viuda, preguntándole cuál de los dos trofeos prefería conservar.

Poppa también describe el acuerdo de Pablo Acosta con los comandantes de la zona militar, que incluía Ojinaga y sus alrededores, no sólo para dejarlo trabajar a gusto, sino para que soldados rasos uniformados vigilaran sus plantaciones de mariguana de alta calidad en las riberas del río Conchos. No era inusual ver vehículos militares y soldados desplegados alrededor de la casa de Acosta. Se trataba de las frecuentes visitas de "cortesía" que realizaba el comandante en turno de la zona militar. Cuando el comandante era trasladado, Acosta organizaba fiestas de despedida que duraban hasta las altas horas de la madrugada, donde nunca escaseaban la música, las mujeres, la droga y el alcohol. Todo esto durante los primeros años del decenio de los ochenta, hace un cuarto de siglo.

Según el libro, Acosta realizó varios intentos de negociación ante la DEA con el fin de entregarse, ya que hacia principios de 1986 comenzaba a sentir pasos en la azotea. Nunca prosperaron sus propósitos, por el tipo de razones que mejor pueden ser entendidas a través de la extraordinaria miniserie colombiana, *El cártel de los sapos*. Para mediados de los ochenta, sin embargo, las cosas cambiaron y surgió un nuevo aliciente para seguir traficando: la cocaína. Desde entonces, y no recientemente, como lo sabe cualquiera que haya estudiado este tema, se cerró la ruta de Colombia al sur de Florida vía el Caribe y Cuba, y los colombianos comenzaron a trabajar con los mexicanos para introducir cocaína a Estados Unidos vía nuestro país. Nadie presume que Pablo Acosta haya sido el primero en hacerlo, aunque algunas fuentes citadas por Poppa señalan que, por ejemplo, él inventó el método de meter coca en tanques de gas LP, incluso con manómetro simulado, estratagema que después encontraría fortuna en Ciudad Juárez entre los gaseros. Acosta decidió seguir "traqueteando", como dicen los colombianos, en asociación con Amado Carrillo Fuentes, que desde Badiraguato, Sinaloa, se había instalado en esa zona.

Finalmente, Pablo Acosta perdió la vida en abril de 1987, en el pueblo de Santa Elena, al sur de Ojinaga, a manos de Guillermo González Calderoni, el comandante estrella de la Judicial Federal, el policía preferido de Carlos Salinas. Era una especie de Genaro García Luna de entonces, a su vez ejecutado años más tarde, en McAllen, el 5 de febrero de 2003, después de haberse vuelto testigo protegido de la DEA, que lo acusó de ser informante y empleado de Juan García Ábrego, jefe del cártel del Golfo en los noventa. Un ex procurador general de la República con conocimiento de causa nos sugirió que también se había comprometido con el negocio de la ordeña de ductos de Pemex.

Todo esto viene a colación, así como la siguiente historia más reciente, para mostrar que en un pueblo de mala muerte de 23 mil 910 habitantes en 1989, en términos *per cápita*, peso por peso, muerto por muerto, bala por bala, línea por línea, resulta insostenible la tesis según la cual la captura de zonas del territorio nacional —la corrupción de las autoridades civiles, municipales, estatales y federales— es nueva o mayor que antes. Tampoco resiste la prueba el argumento según el cual ahora los capos son más violentos que antes, tienen más armas, se matan más entre ellos y extienden sus tentáculos a más actividades. Sin duda alguna, se podrían escribir 100 historias de Pablo Acosta, sobre docenas de pueblos bicicleteros, en la decena de estados conocidos.

Cuenta un ex gobernador de alguno de esos estados cómo, poco después de su elección en los años noventa y antes de tomar posesión de su cargo, le pidió a un ex militar de rango medio, oriundo y conocedor de su estado, y con una larga experiencia en el área de seguridad y lucha contra el narcotráfico, que le elaborara un estudio detallado, con nombres y apellidos, de la penetración por el narco de las autoridades municipales y estatales, civiles y militares. El encargado de la indagación cumplió con su encomienda, y poco después el gobernador electo tuvo la oportunidad de entregarle una de las dos copias del mismo al presidente de la República, durante un viaje en helicóptero, en compañía del secretario de Educación y del director de Conaculta. El presidente dedicó los 45 minutos de vuelo a leer cuidadosamente el informe, y los tres presentes pudieron comprobar cómo se le ensombrecía el rostro y se le desorbitaban los ojos conforme avanzaba en su lectura. Al arribar a su destino, el presidente le pasó la carpeta al jefe del Estado Mayor Presidencial y le pidió que se la colocara en su recámara en Los Pinos para seguirla estudiando.

Al día siguiente, el gobernador electo recibió una llamada de un amigo confiable y provisto de canales de comunicación con los jefes del narco en su estado; hay quienes suponen que se trata del compadre de uno de los capos más fuertes y sofisticados del país. El amigo le comentó que sus interlocutores se habían enterado de la carpeta, su contenido y ubicación en la casa presidencial. "Dicen que para qué te metes en eso." Por razones evidentes, omitimos los nombres de los protagonistas de esta anécdota, pero como cualquier *roman à clef*, escrito sin talento literario alguno, no son difíciles de adivinar. No sólo se enteró el interesado, que no se cuece al primer hervor, de la total complicidad de las autoridades de su estado con el crimen organizado, también supo hasta dónde habían infiltrado la mismísima casa presidencial. Por ello, cuando hoy se consigna a presidentes municipales de pueblos de Michoacán, o se habla de capos locales violentos, o de posibles vínculos con el narco de gobernadores pasados, presentes y futuros, se antoja elemental y necesario tomar todo esto con un grano de sal. Se impone la misma pregunta: ¿Esto ocurre más que antes? En caso afirmativo, ¿el incremento es proporcional al costo general de la guerra?

Capítulo IV

Si Estados Unidos controlara
la venta de armas...

La administración del presidente Calderón ha repetido una y otra vez que en el transcurso de los últimos tres años se ha producido un incremento del tráfico de armas de Estados Unidos hacia México; se ha disparado la capacidad de fuego del crimen organizado para enfrentar al ejército y a la policía. Ambas afirmaciones son discutibles, como lo es su corolario, a saber: la violencia y la fuerza del narco disminuirían si Washington redujera la venta legal y la exportación ilegal de armas, en el supuesto de que esto se pudiera lograr en un plazo, a un costo y con una eficacia razonables.

Estados Unidos no quiere...

El ingreso ilegal de armas de Estados Unidos a México es histórico, se remonta al siglo XIX y forma parte de la compleja relación de una frontera común de 3 mil 200 kilómetros. Hoy el problema se ha hecho más evidente y se sabe más de él, pero siempre ha existido. Por ello, a pesar de lo que muchos piensan, la posición del gobierno estadounidense no cambiará gran cosa, tanto por convicción política como porque su punto de partida en la lucha contra las drogas difiere del de México. A la pregunta de un periodista durante su primera visita a México, el presidente Barack Obama fue muy claro: su gobierno no buscará modificar la Segunda Enmienda de la Constitución de su país, que garantiza a los ciudadanos el derecho a poseer armas, ni propondrá endurecer la legislación que regula su compra a través de una nueva aprobación de la Assault Weapons Ban, que prescribió en el 2004. El libro *Más armas, menos crímenes*, de John R. Lott, de la Universidad de Chicago, fundamenta la manera de pensar de los estadounidenses en relación con este tema. Asumen como parte de su cultura que la posesión de armas constituye una garantía para la defensa personal y familiar, pese a que cada año más de 30 mil estadounidenses perecen en un acto de violencia a mano armada.

Las autoridades estadounidenses no niegan que sus leyes para la compra de armas sean permisivas, y reconocen que no existe una real investigación sobre el historial personal de quienes las compran, lo que dificulta el seguimiento y rastreo de tales armas. Admiten también que prevalecen muchos límites legales para llevar a los tribunales a quienes hayan cometido un delito al vender y comprar armas. Señalan que nunca ha existido una estrategia unificada de las diversas agencias gubernamentales para enfrentar el problema del tráfico ilegal de armas hacia México. Apenas en el 2009 se elaboró la *National Southwest Border Counternarcotics Strategy*, que contempla un capítulo sobre las armas; todavía es prematuro determinar si tendrá algún resultado positivo. El gobierno de Estados Unidos no ha querido ratificar la Convención de Palermo contra la Delincuencia Organizada, firmada en 2000, que establece las mejores prácticas en contra del crimen organizado, tampoco la Convención Interamericana contra la Fabricación y Tráfico Ilícito de Armas, ratificada por 30 de los 34 países, entre ellos México, que integran la OEA. A principios de junio de 2009, la UNDOC solicitó al presidente Obama que impusiera un embargo de armas para evitar el tráfico ilegal hacia México. Pero Washington siempre ha rechazado este tipo de procedimientos internacionales; los considera incompatibles con su legislación interna, aunque pudieran frenar la exportación de armas; de hecho mantiene leyes *sui generis* en relación con otros países de la Organización para la Cooperación y el Desarrollo Económico (OCDE) en lo relativo al control interno de la venta de armamento.

Esta renuencia de las autoridades estadounidenses para evitar la proliferación de armas no sólo se origina en concepciones filosóficas o constitucionales, sino también en la actitud beligerante de organizaciones ciudadanas que se oponen a cualquier control de ventas. Un ejemplo es el debate constante que mantienen la Asociación Nacional del Rifle (NRA) y la Oficina de Control de Bebidas Alcohólicas, Armas de Fuego y Explosivos (ATF), que es la única entidad facultada para expedir las licencias federales para uso de armas de fuego de acuerdo con el Acta de Control de Armas de 1968. Durante los últimos 20 años, la ATF ha puesto en práctica una serie de medidas que buscan prevenir el trasiego de armas entre el ámbito legal y los mercados ilegales. La NRA, sin embargo, considera que este tipo de medidas no resuelve el tráfico ilegal de armas, viola la Segunda Enmienda constitucional y crea un ambiente de incertidumbre jurídica.

Si bien es cierto que Estados Unidos concuerda con el gobierno mexicano al señalar que los cárteles poseen armas cada vez más "letales", y que han elevado su capacidad de fuego para enfrentar al ejército y a las policías mexicanas, en los hechos, y más allá de las declaraciones, difícilmente pueden frenar el contrabando sin cambiar leyes y prioridades internas. Sólo destinan 550 agentes investigadores del ATF a vigilar el tráfico de armas, mientras que más de 25 mil elementos de la Patrulla Fronteriza intentan evitar el ingreso de los indocumentados. En mayo de 2008, por ejemplo, George Inkadosian, un reconocido proveedor de los cárteles mexicanos al que se le comprobó la venta de 200 fusiles de asalto AK-47, logró su liberación en Phoenix, Arizona, mediante una fianza de 75 mil dólares. El agente especial que detuvo a Inkadosian asume con frustración que las leyes en la materia permiten evadir la justicia.

De Estados Unidos no vienen tantas armas como se piensa...

Se ha convertido en un factoide, o verdad de sabiduría convencional, que 90 por ciento de las armas introducidas a territorio mexicano provienen de Estados Unidos. Pero ésta es una verdad a medias: se trata de 90 por ciento de las armas *rastreables* y *rastreadas*, es decir, aquéllas cuyo número de serie no ha sido borrado. Los gobiernos de México y de Estados Unidos no aclaran qué porcentaje del total de armas que entran a México son *rastreables*, aunque por el cálculo de fuentes cercanas al Centro de Investigación y Seguridad Nacional (CISEN) y a las autoridades norteamericanas, equivale a 20 por ciento del total, cuando mucho. En otras palabras, 18 por ciento (noventa del veinte) provienen con certeza de Estados Unidos, del resto no se sabe gran cosa. Son armas que la ONU califica como "pequeñas" (pistolas, revólveres, escopetas, carabinas, fusiles de asalto como los AK-47, Kalashnikovs o "cuernos de chivo", los AR-15 o M-16, subametralladoras y ametralladoras livianas), usadas por civiles y militares. De acuerdo con el *Small Arms Survey* de 2009, la más prestigiada publicación mundial sobre el tema, en 2006 el mercado mundial de armas ascendió a un billón 56 mil millones de dólares. Estados Unidos es el máximo importador mundial, y los más importantes exportadores son, en orden alfabético, Alemania, Austria, Bélgica, Brasil y Estados Unidos. En esta lista también figuran Rusia y China, pero no se cuenta con información oficial sobre estos países. La ONU estima que, desde arsenales legales hasta las provenientes del robo y la corrupción, ingresan al mercado ilegal del mundo unas 650 mil armas anuales.

Los estadounidenses aceptan que las armas que se adquieren en su país se compran en las armerías y los *Gun Shows* mediante el reclutamiento de ciudadanos que cumplen con los requisitos de ley y obtienen las armas para luego entregarlas a los narcotraficantes o introducirlas ellos mismos a México. En muchos casos, el comerciante conoce o sospecha que el comprador es un prestanombres, pero aun así las vende. El método es el mismo que usaron en la década de los ochenta las guerrillas guatemaltecas y salvadoreñas para proveerse de armas, como consta a los autores. Reclutaban colaboradores que simpatizaban con la causa, para que procuraran armas de acuerdo con una lista de necesidades. Se conseguían en armerías, pero la mayoría de las veces se recurría a los *Gun Shows* de fin de semana en ciudades de California. Luego se concentraban en un punto y se escondían en vehículos de doble fondo que cruzaban por México y llegaban a su destino, es decir, la zona guerrillera en Centroamérica.

Para tener una mejor idea de la complejidad del fenómeno, conviene saber que, según el *Small Arms Survey*, en Estados Unidos existen 270 millones de armas en poder de los ciudadanos, 40 por ciento de las cuales se adquieren en mercados secundarios (entre poseedores, internet, avisos de ocasión…), lo que prácticamente imposibilita dar seguimiento a estas ventas. La población de Estados Unidos constituye cinco por ciento de la mundial, pero en términos de la posesión de armas alcanza 40 por ciento de los 875 millones de armas que hay en el mundo. Las autoridades mexicanas han solicitado información a las estadounidenses acerca de 20 mil de las armas requisadas al narcotráfico entre 2004 y 2008. A partir de los números de serie, el gobierno de Estados Unidos identificó 3 mil 90 (75 por ciento de las incautadas) en 2004; 5 mil 260 (80 por ciento) en 2005; mil 950 (95 por ciento) en 2006; 3 mil 60 (95 por ciento) en 2007, y 6 mil 700 (95 por ciento) en 2008, todas ellas vendidas en territorio norteamericano.

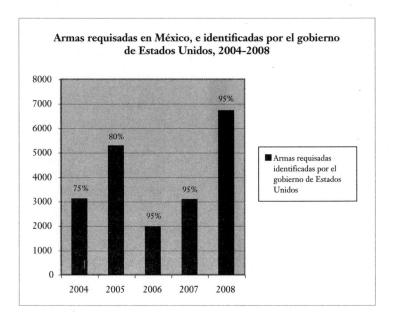

Armas requisadas en México, e identificadas por el gobierno de Estados Unidos, 2004-2008

Se trata de cantidades muy pequeñas. Los estadounidenses no tienen problema en reconocer que en los últimos cinco años, 87 por ciento de las armas requisadas por las autoridades mexicanas a los cárteles del narcotráfico, y rastreables a través de números de serie, provinieron de su país. Aceptan, asimismo, que 68 por ciento de *esas* armas era de fabricación estadounidense, y 19 por ciento de otros países, pero adquiridas en Estados Unidos. Del 13 por ciento restante no se puede determinar el origen, pero lo más seguro es que proceden de Centroamérica.

El gobierno norteamericano admite que los números pueden ser mayores, ya que no todas las armas que se fabrican o entran a Estados Unidos, y después se introducen a México, están registradas en su país. Las mismas autoridades señalan que ante la facilidad con la que se pueden obtener armas en Estados Unidos, los narcotraficantes no necesitan buscarlas en otras latitudes. Las armas pasan la frontera en vehículos personales y comerciales, y una vez en México se guardan en bodegas o casas de ciudades cercanas a la frontera, para después ser distribuidas por los cárteles a las distintas regiones del país. Insistimos: éstas son armas con números de serie rastreables, poco o nada se sabe de las demás.

La danza de los números

Ahora bien, el gobierno de Estados Unidos sostiene que es imposible determinar el número total de armas —rastreables o no— que de manera ilegal cruzan a diario por su frontera con México. Algunas autoridades mexicanas han estimado que el tráfico ilegal podría ser de 2 mil armas al día, pero sin dar ninguna prueba de esta afirmación, que se ha convertido en una "leyenda urbana". De ser cierta, al año ingresarían a México de manera ilegal 730 mil armas, y en los primeros tres años del gobierno del presidente

Calderón habrían entrado al país 2 millones 190 mil armas. Nunca se afirma que todas tendrían como destino los cárteles, pero aún así se trata de un dato inverosímil que resultaría infinitamente superior a los números mundiales proporcionados por la ONU.

Según el Ejército Mexicano, en 2007, 2008 y los primeros meses del 2009 se incautaron 30 mil 576 armas cortas y largas al narcotráfico, (un promedio de 13 mil 294 armas al año durante los 2.3 años mencionados) que representan 53.6 por ciento del total de las 57 mil armas que recuperó en ese tiempo el conjunto de las fuerzas del Estado mexicano. Durante el mismo periodo del sexenio de Fox, fueron requisadas unas 15 mil armas, más o menos la mitad. Esto supone que, en promedio, se han requisado 61 armas al día en el sexenio de Calderón, mientras que antes eran 30, pero con una alza sostenida en el tiempo: en 2007 incautó 5 mil 174 armas o 13 diarias; en 2008, 14 mil 774 o 40 diarias; y en los primeros meses de 2009, 10 mil 628 o 62 al día.

La periodista Elda Merino publicó en 2007 una investigación donde asegura que, por la frontera norte, entre 2001 y 2002 ingresaron a México 24 mil armas de contrabando, o 33 al día. De las decenas de documentos y artículos revisados por los autores, esta investigación es el único trabajo que aventura una dimensión del mercado ilegal, a principios del siglo. Por lo tanto, si la cifra de 2 mil diarias fuera válida, ello supondría que se multiplicó por 30 en siete años, y que el ejército confisca hoy, a pesar de todos su esfuerzos, tres por ciento de las armas que entran al país desde Estados Unidos, sin contar las que proceden de otras fuentes.

En efecto, ni el gobierno de México ni el de Estados Unidos dan cuenta del número de armas que pudieran ingresar a nuestro país vía Centroamérica o por mar (fabricadas en la ex Unión Soviética o en Rusia), tampoco del tráfico que se origina en los viejos arsenales del gobierno sandinista en Nicaragua ni de las que se trafican en América del Sur. Muchas de estas armas no tienen registro, el número de serie ha sido lijado y nadie puede saber de cuántas se tratan. Pero el gobierno mexicano podría informar sobre la proporción de armas incautadas que conservan intacto el número de serie, sobre todo de los llamados "cuernos de chivo", el famoso AK-47.

Hay muchos tipos de AK-47 o Automat-Kalashnikova, cuyo primer ejemplar fue inventado por Mijail Kalashnikov en 1947 (de allí su nombre). En la actualidad, el AK convencional se produce en 17 o 18 países como Albania, Hungría, India, Irán, Marruecos, Finlandia, Corea del Norte, Vietnam, Serbia (la antigua Yugoslavia), Pakistán, Polonia y Rumania. En África se fabrican en Sudán y Nigeria. Venezuela ha firmado recientemente un acuerdo para poder fabricarlo, el primer país en América Latina en hacerlo. Es el arma que más se utiliza en el contrabando y es empleada por gobiernos, el crimen organizado, los movimientos insurgentes, los terroristas, así como en conflictos armados de segundo rango. No hay un control adecuado de la licencia por parte de Rusia y se carece de una regulación efectiva. Del total del arsenal mundial de fusiles de asalto, se estima que 100 millones de armas pertenece a la familia de los AK. Según el Banco Mundial, 75 millones de AK-47 figuran en el arsenal de 82 países. Durante el régimen soviético se suministraron millones de armas a los países aliados de la Unión Soviética o en apoyo a los movimientos de liberación en Asia, África y América Latina; muchas de ellas siguen en circulación y son comercializadas, legal e ilegalmente, por numerosas empresas y gobiernos de todo el mundo. Se calcula que todos los años se fabrica sin licencia cerca de un millón de fusiles de la familia AK.

En la medida en que las autoridades mexicanas privilegian la estrategia punitiva en el combate al narcotráfico, los cárteles se ven obligados a destinar más recursos para dotarse del poder de fuego necesario y hacer frente a la embestida. Y como disponen del dinero y las fuentes de abastecimiento para lograrlo, ya que el mercado mundial es casi infinito, los niveles de enfrentamiento crecen, y con ellos la violencia. Esta verdad de Perogrullo da pie a una media verdad del gobierno: el aumento de la violencia proviene del éxito de la guerra. No significa que el intento de reducir el flujo de armas de Estados Unidos se verá siempre frustrado por las dimensiones y la fungibilidad del mercado mundial de armas.

En Estados Unidos, los líderes civiles que se oponen a limitar la posesión de armas asocian el crimen de las mafias en México a que las leyes mexicanas dificultan que los ciudadanos posean armas. La apreciación es falsa (en México los narcotraficantes se matan entre sí, combaten al ejército y la policía, pero sólo en contadas ocasiones golpean de manera intencionada a la ciudadanía), sin embargo, da una idea de cuál es la opinión de la gran mayoría de los estadounidenses sobre un tema que les resulta vital. La Coalición de Armas de Fuego, que está en contra de las restricciones, asegura que es falso que la venta de armas esté relacionada con la violencia en México; señala que "hay una apreciación equivocada de que 90 por ciento de las armas utilizadas en los crímenes en México provienen de los Estados Unidos. Estas cifras están siendo infladas. Según la investigación realizada por el canal de noticias Fox, la cifra correcta es 20 por ciento". No dan mayores datos para fundamentar la cifra, pero vemos que el número no se aleja mucho del que nos sugirieron en privado funcionarios mexicanos. Deberíamos indagar sobre el verdadero origen de las armas no rastreadas: podrían provenir igualmente de Estados Unidos, pero no se entiende por qué, si se adquirió legalmente un arma, se buscaría borrar las huellas de su origen. O en todo caso sucedería, sólo en el mercado secundario (40 por ciento del total), que no es despreciable, pero tampoco igual al de primera venta.

En México abundan las armas... legales y ocupamos el lugar que nos toca

En su informe de 2007, el Instituto Superior de Estudios Internacionales de Ginebra (IHEI) estima que existen 875 millones de armas en el mundo, de las cuales 650 millones (75 por ciento del total) se encuentran en manos de civiles; existe, entonces, una relación de tres a uno con los arsenales gubernamentales. Cada año se fabrican 8 millones de armas nuevas, por más de mil 200 compañías en 92 países, y sólo 800 mil son destruidas anualmente por las autoridades. Por tanto, todos los años el inventario mundial crece en 7 millones de armas. Además, se calcula que las armas de fuego pequeñas y livianas provocan la muerte de más de 600 mil personas cada año en el mundo. Nosotros somos un pequeño gajo de este universo.

De acuerdo con estudios de especialistas y autoridades federales, en México podría haber entre 12 y 15 millones de armas, de las cuales un tercio es legal y está registrado. La legislación mexicana contempla dos fórmulas para obtener armas: para la protección del hogar (hasta dos) y para la caza deportiva. Si el permisionario acredita su afiliación a un club de caza, la ley le permite adquirir un arma corta (pistola) y nueve largas para su empleo en cacería o *stands* de tiro.

La instancia encargada del registro de armas de la Secretaría de la Defensa Nacional (Sedena) ha publicado estadísticas diversas. En un caso, indica que entre 1972 y 2001 se otorgaron 5 millones 443 mil 547 licencias de portación de armas. Un estudio de la Auditoría Superior de la Federación (ASF), hecho en 2003 y repetido en 2005, corrigió el dato y lo redujo a 4 millones 500 mil armas legalmente registradas, incluido el millón de armas en manos de las Fuerzas Armadas y las policías federal, estatal y municipal. Se estima en poco más de 2 millones el número de ciudadanos con autorización para portar armas, y que 17.6 por ciento de los hogares poseen una. De acuerdo con los mismos registros, en los últimos dos años se ha incrementado alrededor de 30 por ciento la compra individual de armas de fuego. Durante 2007 y 2008 se vendieron un promedio de 14 armas cortas al día, mientras que en el 2006 el promedio era de 10 diarias. Como se ve, el número de armas en circulación *legalmente* en México no es despreciable, y el lugar que ocupa México en el mundo de las armas es el que en realidad le toca.

En efecto, de acuerdo con el *Small Arms Survey* de 2007, a nivel mundial había un promedio de un arma de fuego por cada siete personas. En el comparativo de 34 países, la mayor proporción la alcanza Estados Unidos con 90 armas por cada 100 personas, seguido de Finlandia con 56, Suiza con 46, Francia con 32, Canadá con 31 y Alemania con 30. En el caso de México, el informe da la cifra de 15 armas por cada 100 personas, la misma cantidad que Australia y Argentina, y más que Rusia y Brasil con nueve, y que Colombia con siete.

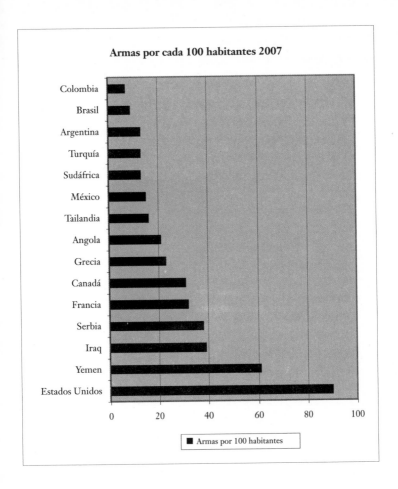

Armas por cada 100 habitantes 2007

- Colombia
- Brasil
- Argentina
- Turquía
- Sudáfrica
- México
- Tailandia
- Angola
- Grecia
- Canadá
- Francia
- Serbia
- Iraq
- Yemen
- Estados Unidos

0   20   40   60   80   100

■ Armas por 100 habitantes

Existe, entonces, una cierta relación entre el nivel de ingreso *per cápita* y el número de armas que poseen los ciudadanos de cada país. México se encuentra, como uno esperaría, en un lugar intermedio entre países más ricos y países más pobres. El narco y la frontera con Estados Unidos no parecen ser factores determinantes.

Las armas provienen de muchas partes, no sólo de Estados Unidos

El tráfico y la posesión de armas no es un problema privativo de México y Estados Unidos. El mayor comercio armamentista del hemisferio occidental se produce en la "triple frontera" entre Brasil (Foz do Iguaçu), Argentina (Puerto Iguazú) y Paraguay (Ciudad del Este). Ese mercado se abastece a través de una gran red integrada por los ferrocarriles, puertos, aeropuertos y comercios de los tres países. Brasil ocupa el primer lugar del tráfico de armas de América Latina, controlado por el eje del narcotráfico Río de Janeiro–São Paulo. Se estima que existen 17 millones 300 mil armas pequeñas en ese país, en manos de particulares. Más de la mitad proviene de compras legales. El Instituto de Estudios de la Religión (ISER) calcula en 4 millones las que están en poder del crimen organizado. Según la policía brasileña, por cada arma que se incauta al crimen organizado, entran al país otras 30. En la década de los noventa, Paraguay constituía el principal punto de contrabando para las armas en Brasil. Según datos de la policía federal brasileña, más de 70 por ciento de las armas vendidas en Paraguay tienen por destino Brasil, la mayoría dirigida a las 688 favelas de Río de Janeiro donde las autoridades y el crimen organizado se disputan el poder. Asimismo, armas fabricadas en Argentina entran de manera ilegal a Brasil por el contubernio de militares argentinos con el crimen organizado en Río de Janeiro. Huelga decir que Brasil no tiene frontera con Estados Unidos, ni es productor de estupefacientes o país de tránsito, aunque sí de consumo.

Hasta el momento las autoridades mexicanas no han identificado el tipo de relaciones que prevalecen entre nuestros narcotraficantes y los mercados de armas ilegales de

América del Sur. No obstante, es tal la magnitud de lo que ocurre en las "tres fronteras", que aun si el gobierno estadounidense mejorara sus sistemas de control de venta y exportación, los cárteles mexicanos podrían recurrir con mucha facilidad al contrabando de armas en Brasil, Paraguay, Argentina o Venezuela, y añadir a los cargamentos de coca una buena dotación de armas.

De esta breve reseña resalta una conclusión evidente y consabida: no existe una asociación directa entre la indiscutible permisividad norteamericana, la frontera mexicana con Estados Unidos, y la violencia y poder del narcotráfico en México. Existen países en los que hay más armas *per cápita* que en el nuestro, como los recién señalados o aquéllos que se encuentran o se encontraban en un virtual estado de guerra civil generalizada, como Sierra Leone, Liberia, Sudán o Somalia. Ninguno de ellos, por supuesto, posee frontera con Estados Unidos. Existen países más violentos que México, como los de Centro y Sudamérica, que tampoco tienen frontera con Estados Unidos. Además, hay países donde el narco es igual o más poderoso que en México —Colombia, Afganistán, Myanmar— y tampoco tienen frontera con Estados Unidos. La automaticidad del nexo es simplemente falsa.

El costo de sellar la frontera norte de México es enorme; la eficacia, mínima

No hay nada nuevo bajo el sol: para Estados Unidos, establecer mayores controles al paso de armas no resulta rentable; para México tampoco. No resiste un análisis de costo-beneficio para ninguno de los países; hacerlo dañaría el conjunto de la economía y, de manera particular, la maquila, el comercio y el turismo en ambos lados de la frontera; atentaría contra las poblaciones que a diario cruzan, de uno y otro lado, para ver a sus familiares y amigos. Resulta imposible, incluso con la más sofisticada de las tecnologías, realizar una revisión exhaustiva de los 300 millones de cruces anuales de personas y vehículos, particulares y de carga, en todos los puntos de la frontera.

Tomemos sólo el caso de Tijuana–San Ysidro, sin contar la Garita de Otay. En 2008, por San Ysidro cruzaron legalmente 25 millones 319 mil personas en auto, alrededor de 700 mil a pie y 7 millones 289 mil en autobuses. De ese total, 53 por ciento fueron residentes mexicanos y 33 por ciento estadounidenses que volvieron a su país el mismo día. Según el Comité de Turismo y Convenciones de Tijuana (Cotuco), cualquier medida para elevar los niveles de vigilancia causaría un serio problema en la actividad turística, pues de por sí hay camiones que para internarse en México deben esperar hasta una hora y media antes de recibir su autorización aduanal. Los empresarios tijuanenses piden más puntos de cruce, más rápidos y más simples. Actualmente hay más o menos 25 carriles para automóviles de sur a norte y cinco de norte a sur. El motivo, ya que el número que va y viene a la larga es el mismo, reside en el tiempo de inspección: cinco veces menor para salir de Estados Unidos y entrar a México, que para salir de México y entrar a Estados Unidos. Si se igualan los tiempos de inspección, habría que multiplicar por cinco el número de carriles de norte a sur en Estados Unidos.

Del otro lado de la frontera, la Cámara de Comercio de San Ysidro, California, también solicita más puntos de cruce y con mayor tecnología, para acelerar el ritmo del tránsito de personas y vehículos. En la actualidad, la garita de San Ysidro tramita 110 mil cruces diarios de vehículos (más de 40 millones al año), con un tiempo promedio de espera de dos horas. Según dicha cámara, esto representa una pérdida de 7 mil millones de dólares anuales, ya que cada vez menos gente de México cruza a hacer sus compras. Todos coinciden en que los cruces no deberían tardar más de media hora. Pero de acuerdo con los habitantes de uno y otro lado de la frontera, ni en Washington ni en la Ciudad de México hay interés por intensificar obras que agilicen el paso. La introducción de tecnología (arcos de detección metálica) que podría revisar un vehículo en nueve segundos no ha comenzado, y parece ligeramente exagerada.

No se puede "sellar" la frontera al paso de las armas, y al mismo tiempo propiciar la actividad económica y el intercambio industrial, comercial y turístico entre Estados Unidos y México. Las dos medidas no son por ahora compatibles. En el futuro podrá haber tecnologías que lo posibiliten, pero se desconoce su costo y la disposición del Congreso de Estados Unidos a sufragarlo, o la capacidad de México para comprarlas. Pero aun si aceptamos que realmente se pudiera reducir el tráfico de armas de Estados Unidos a México, pagando las inmensas pérdidas económicas para uno y otro país, ¿se resolvería el problema?, ¿los narcotraficantes no tendrían otros mercados?, ¿vale la pena hacerlo?

Capítulo V

Los estadounidenses seguirán consumiendo drogas y nunca darán la "guerra" contra ellas

La estrategia de Estados Unidos y México para enfrentar el desafío de la venta y consumo de drogas es distinta. El gobierno norteamericano asume, cada vez más, que se trata de un problema social cuya solución depende, en buena medida, de las instituciones de salud pública. El gobierno mexicano lo enfoca como un problema de seguridad; hacerle frente corresponde a sus fuerzas militares y policiacas. La estrategia de Zedillo, Fox y Calderón ha sido la misma; lo que ha variado es la intensidad en su ejecución.

El nombramiento de Gil Kerlikowske, por Barack Obama, a la cabeza de la Oficina de la Política Nacional de Control de Drogas (ONDCP) revela la evolución del enfoque estadounidense. El nuevo "zar antidrogas" se desempeñó como jefe de la policía en Seattle; durante su gestión planteó que el reto de las drogas debía enfrentarse a través de la prevención y el fortalecimiento del tejido social, más que por el uso de la fuerza. Esa postura lo condujo a una actitud de cierta tolerancia frente a la posesión y el consumo. Los grupos que en Estados Unidos se oponen a la criminalización de los consumidores piensan que la llegada del nuevo responsable de la lucha contra las drogas privilegia una visión de salud pública e implica mayor tolerancia y un trabajo dirigido ante todo a la prevención. La Alianza para una Política sobre las Drogas (DPA), el grupo más fuerte partidario de la legalización, donde participan, entre otros, policías y jueces, mantiene la esperanza de que la administración Obama no sólo despenalice el consumo, sino que acepte su legalización.

En la presentación de la *Estrategia Nacional Antinarcóticos para la Frontera Sur*, edición 2009, Kerlikowske llamó a descontinuar el uso del término "guerra contra las drogas", acuñado durante la administración Nixon y utilizado también por el presidente Calderón. Ese concepto, "limita las herramientas y le dice a la gente que estamos en guerra contra ellos. Y lo que necesitamos es una política integral y efectiva", que en su opinión exige: inteligencia interna, combatir el tráfico de armas y del dinero en efectivo, y atender el consumo no sólo desde el lado de la oferta sino también de la demanda. Aclarar con franqueza que "no vamos a vencer este difícil reto a través de decomisos fronterizos solamente". Así, la política pública de Estados Unidos en materia del combate al narcotráfico descansa hoy en la premisa fundamental de reducir y controlar los daños colaterales asociados al fenómeno de la venta y compra de drogas, que son la corrupción y la violencia. Existe un creciente consenso entre los estadounidenses de que la estrategia punitiva está destinada al fracaso y que no deben pagarse los costos que implica: muertos de ambos bandos, intranquilidad social, corrupción y uso ineficaz de los recursos públicos.

El gobierno de México en teoría comprende que la sociedad estadounidense nunca va a poner en práctica, dentro de su territorio, el enfoque militar y policiaco, debido a sus altos costos y, sobre todo, porque no admite que ésta sea la manera de enfrentar un problema básicamente social. Sabe que Washington está dispuesto a apoyar, más con discursos que con hechos, la actual estrategia mexicana, pero no a seguirla. Es la manera de "exportar" su conflicto interno.

Cuando los funcionarios mexicanos que reclaman la captura del "Jefe del Cártel del Potomac", el castigo al consumo de coca por los neoyorquinos ricos o los angelinos pobres, o el cambio de la legislación estadounidenses, o acusan a sus contrapartes de hipocresía tienen razón y no. En efecto, Estados Unidos quiere que México libre la guerra y ponga los muertos, para no tener que hacerlo ellos. Pero la pregunta es: ¿quién tiene razón: los hipócritas o los ilusos?

La legalización de las drogas

En 1914, cuando la cocaína era legal en Estados Unidos, sólo la consumía una quinta parte de la actual, en proporción con el tamaño de la población. Disponemos de elementos para sospechar que los estados cuyas leyes permiten el consumo de mariguana bajo ciertas condiciones no han visto disparadas las tasas de consumo. En la actualidad, 15 estados han "legalizado" el uso médico de algunas drogas: Alaska, Arizona, California, Colorado, Hawaii, Maine, Maryland, Michigan, Montana, Nevada, Nuevo México, Oregon, Rhode Island, Vermont y Washington. En general, exigen requisitos semejantes: cuadros clínicos que ameriten su uso, recomendación de dos médicos certificados por el Estado, portar un carné que identifique a los usuarios y que la posesión de dosis personales sea de 2.5 a un máximo de cinco onzas. Coinciden también en definir qué enfermedades justifican su uso: el cáncer, la glaucoma, el sida, la hepatitis C, la esclerosis, la enfermedad de Crohn, el Alzheimer, la tiña, los espasmos musculares y la epilepsia.

Por todo ello, los partidarios de la legalización, como Ethan Nadelmann de la DPA, piensan que hoy como nunca existe una posibilidad para que ésta se lleve a cabo. En la década de los setenta, la mariguana estuvo a punto de ser legalizada, en pleno "liberalismo cultural". La administración Carter presentó un proyecto de ley para despenalizar el consumo, pero en ese momento sólo 30 por ciento de los ciudadanos la apoyó, y las autoridades la abandonaron. En los ochenta, vino la "guerra" de Reagan contra las drogas y la discusión académica sobre las ventajas de la legalización, incluso entre conservadores como Milton Friedman, pero la explosión de consumo de cocaína y el pánico del crack enajenó a los medios y a la sociedad.

Las encuestas sugieren ahora que más de 40 por ciento de los estadounidenses está a favor de legalizar la mariguana; entre los demócratas, el porcentaje asciende a más de 50 por ciento. Este cambio de opinión se debe en parte a que muchos estadounidenses, ante la crisis financiera de sus estados, cuestionan el gasto de millones de dólares para imponer una prohibición inaplicable, cuando, de regularse y gravar la venta de la mariguana, se podrían recaudar importantes ingresos fiscales. En Estados Unidos, entre todos los órdenes de gobierno, se gastan anualmente 44 mil millones de dólares en acciones contra las drogas: siete veces más de lo que se destina al tratamiento de las adicciones. En la conciencia de muchos estadounidenses figura la idea, al recordar la prohibición del alcohol, de que este tipo de políticas no resuelve los problemas, pero sí acarrea violencia. La única forma de acabar con ella, como ocurrió con el alcohol, es prohibiendo la prohibición.

Crece también el número de ciudadanos y de autoridades locales que plantean la necesidad de abrir un debate nacional sobre la prohibición de la venta y consumo de las drogas, en especial entre quienes viven en la zona fronteriza (incluido el gobernador de California). *The Economist*, la prestigiada publicación inglesa, desde hace muchos años sostiene que la prohibición no es el camino, y que la legalización es la solución menos problemática. Otros piensan que la manera de acabar con la violencia del lado mexicano es legalizando las drogas. La opinión al respecto está cambiando; recientemente, el senador James Webb creó una comisión independiente para examinar la política sobre las drogas y su impacto en los encarcelamientos, un tema que preocupa a los contribuyentes que cuestionan la eficacia de encerrar a los consumidores. En el estado de Colorado, por ejemplo, 23 por ciento de los presos son usuarios de droga y culpables de pequeños delitos no violentos; mantenerlos en la cárcel le cuesta a los contribuyentes 100 millones de dólares al año. Arizona y Maryland impulsan una política de "tratamiento por encarcelamiento", basada en la libertad condicional para que los presos se sometan a tratamiento fuera de la cárcel, con el fin de ahorrar millones a los contribuyentes.

Un reflejo de esta tendencia es el crecimiento de los Agentes del Orden Público contra la Prohibición (LEAP), grupo de jueces, policías y otros ciudadanos que favorece la liberalización de las leyes sobre las drogas como una forma de hacer frente a los problemas de las actuales prohibiciones. Un efecto de este ajuste de la opinión pública se ubica en la derogación de las llamadas "leyes Rockefeller", de los años setenta, de sentencias obligatorias para usuarios de drogas ilegales. No sólo se han abrogado en Nueva York, donde empezaron, sino en varios otros estados. A ellas se debe en parte la legendaria sobrepoblación carcelaria en Estados Unidos.

El que ahora los legisladores contemplen un debate sobre la política de drogas entreabre una nueva época en el tratamiento del tema. Un promotor de abolir las restricciones al consumo, como Ethan Nadelmann, que recoge el sentir de otros ciudadanos, académicos y políticos, basa su esperanza en tres factores. En primer término, un segmento importante de la opinión pública considera que la prohibición de la mariguana resulta improcedente; es absurdo que, cada año, 800 mil individuos sean encarcelados por consumirla. Reconocen que la mariguana no es inofensiva, pero afirman que sus efectos son menores comparados con los problemas que provoca la prohibición. En segundo lugar, la ciudadanía siente cada vez más que la estrategia de "guerra" contra las drogas conduce siempre al fracaso, por lo que se hace necesario analizar otras opciones. La comisión independiente del senado le brindaría un gran servicio a la sociedad norteamericana si al menos comenzara a cuestionar el falso supuesto de que las políticas prohibicionistas son esenciales para alcanzar el bienestar de la sociedad. Y por último, según Nadelmann, todos los estudios llegan más o menos a la misma conclusión: el consumo de las drogas ha sido y seguirá siendo parte de la sociedad en todas las épocas de su historia; es necesario aprender a vivir con la realidad de las drogas. Como bien lo saben los psiquiatras responsables, existe un porcentaje más o menos fijo de cada sociedad estable que posee una proclividad (o patología, dirían algunos) a las adicciones de un tipo o de otro, y en particular a los estupefacientes. No ha disminuido y no va a disminuir. El reto de las sociedades consolidadas reside en administrar esa proclividad con el menor daño posible; el desafío para las sociedades en plena metamorfosis, como la mexicana, consiste en comprender su futuro ineludible, asumirlo y administrarlo.

La introducción y la distribución

En la década de los ochenta, la mayor parte de la cocaína entraba a Estados Unidos por el Caribe hacia el sur de

Florida. A finales del siguiente decenio, 58 por ciento de la cocaína llegaba al norte vía Centroamérica–México, 30 por ciento por el Caribe y 11 por ciento en buques mercantes o vuelos comerciales directos. Prevalecen dos versiones para explicar el cambio de rutas: las autoridades estadounidenses tuvieron éxito al "sellar" este paso, o el creciente poder de los cárteles mexicanos desplazó a los colombianos, que controlaban la ruta caribeña. En cualquier caso, para el año 2000, 66 por ciento de la cocaína destinada a Estados Unidos se encaminaba por el corredor Centroamérica–México; el Caribe seguía con 30 por ciento, disminuyendo el paso por Haití y Puerto Rico, y aumentando el tránsito por Jamaica. Para 2003, la proporción era de 77 por ciento a través de Centroamérica–México; a partir del 2006 se empieza a decir que 90 por ciento pasa por la ruta Centroamérica–México.

Hoy, los llamados "cartelitos" colombianos siguen controlando el mercado europeo, donde los mexicanos mantienen una presencia aún pequeña, pero crece la de los caribeños, en particular la de los dominicanos, y aumenta el paso de la cocaína por Venezuela, de manera directa o a través de Trinidad y Tobago, y de ahí a Europa. Como se sabe, por ahora toda la cocaína del mundo proviene de la hoja de coca sembrada en la región del Chapare en Bolivia, en el Alto Huallaga de Perú y en varias zonas de Colombia. Las estadísticas sobre la producción varían, pero la UNODC asegura que, de 2004 a 2007, se mantuvo más o menos en las mil toneladas anuales, para pasar a las 845 toneladas en 2008. De ese total, aproximadamente la mitad se consume en Estados Unidos; lo demás llega a Europa (incluyendo Rusia) y al Cono Sur. Las autoridades estadounidenses han manifestado, de manera creciente, su temor por la participación de los cárteles mexicanos en la distribución interna de la droga. Informes de la DEA señalan que son ya

240 las ciudades que están bajo el control de las narcos mexicanos. Hasta el momento, aunque exista preocupación, no se han elevado los índices de violencia en esas poblaciones.

El consumo

La OMS considera que Estados Unidos es el mayor consumidor mundial de drogas ilícitas; estima en 72 millones el número de estadounidenses entre los 15 y 65 años que han consumido algún tipo de droga ilegal de manera ocasional. Organizaciones reconocidas como la DPA señalan que asciende a 100 millones el número de los que alguna vez han "inhalado" mariguana, incluidos a tres presidentes, entre ellos el actual. Otros estudios coinciden en señalar que un poco más de un tercio de los estadounidenses mayores de 12 años ha probado alguna droga ilícita, la gran mayoría mariguana. Las estadísticas muestran que a pesar de variaciones coyunturales de los precios, la demanda de drogas se mantiene estable; y los porcentajes de uso, prevalencia e incidencia no han cambiado gran cosa en los últimos 40 años.

Los niveles de prevalencia son muy altos en Estados Unidos. Se encuentra entre los países con uno de los mayores índices, y esto ha sido así desde hace por lo menos un siglo. De acuerdo con el *Informe Mundial sobre las Drogas*, de la UNODC, en el 2000, la prevalencia entre la población de los 14 a los 64 años era de 0.6 por ciento para opiáceos y para 2005 de 2.80 por ciento en el de cocaína; de 12.6 por ciento en el de mariguana; de 1.8 por ciento en anfetaminas y de uno por ciento en éxtasis.

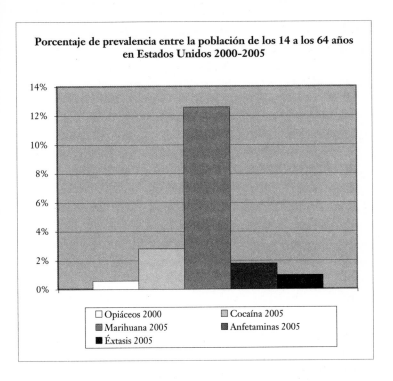

Porcentaje de prevalencia entre la población de los 14 a los 64 años en Estados Unidos 2000-2005

☐ Opiáceos 2000   ☐ Cocaína 2005
◧ Marihuana 2005   ■ Anfetaminas 2005
■ Éxtasis 2005

El consumo de las anfetaminas, después de intensas y agresivas campañas de prevención, cayó en 2007 y 2008, a partir de entonces se mantiene estable. Un documento de la Oficina de Política Nacional de Control de Drogas (ONDCP) de 2009 ilustra el comportamiento del consumo en los últimos 20 años. El porcentaje de los estadounidenses que reconoce haber consumido alguna droga ilícita en el último mes pasó de 10.9 por ciento en 1991 a 20.6 por ciento en 1996 y luego se mantuvo entre ese porcentaje y 19.4 por ciento hasta el 2001. En el 2002 fue de 18.2 por ciento y bajó hasta 14.6 por ciento en 2008.

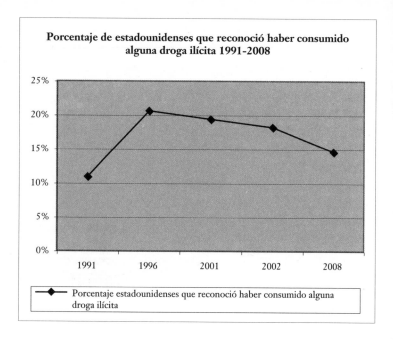

Porcentaje de estadounidenses que reconoció haber consumido alguna droga ilícita 1991-2008

Porcentaje estadounidenses que reconoció haber consumido alguna droga ilícita

En los últimos tres años esta cantidad no ha variado. En este informe, la tendencia, de manera lenta, es a la baja, pero otros sostienen que no ha habido una reducción que pueda considerarse significativa. Con mayor detalle, el consumo ha descendido entre los jóvenes, sobre todo debido a la reducción a la mitad del uso de éxtasis, pero no ha variado en la población de entre 18 a 25 años, o mayor de 26.

El precio de la droga

En términos generales el precio de las drogas sigue las leyes del mercado: sube o baja dependiendo de la oferta y la demanda. Pero en ocasiones se dan variaciones en los precios que no necesariamente entrañan una reducción o aumento del consumo. En 1996, por ejemplo, el precio de las drogas resintió un pico de subida, pero el consumo no bajó, sino que aumentó y se alcanzó 20.6 por ciento de prevalencia, uno de sus mayores niveles. Según una investigación del Instituto de Análisis de Defensa (IDA), realizado para la DEA y que constituye la fuente oficial de datos sobre precios en Estados Unidos, a principios de los ochenta el gramo de cocaína costaba 600 dólares; al arranque de los noventa valía 260 dólares, pero de 2003 al 2007 el precio fluctuó entre los 122 y 145 dólares, con un nivel de pureza promedio de 75 a 80 por ciento. Empezó de nuevo a subir en 2008 para alcanzar los 182 dólares a finales de ese año, y 199 dólares al inicio del 2009.

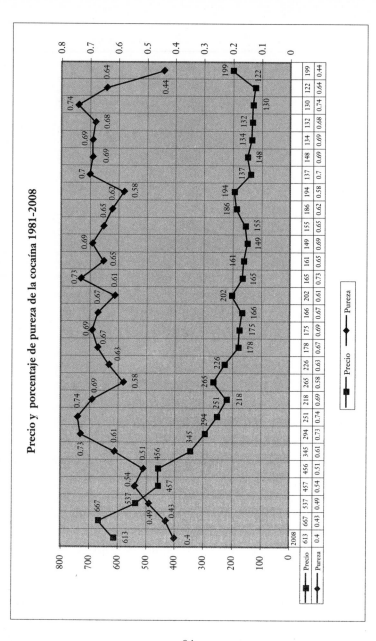

Precio y porcentaje de pureza de la cocaína 1981-2008

	2008																												
Precio	613	667	537	457	456	345	294	251	218	265	226	178	175	166	202	165	161	149	155	186	194	137	148	134	132	130	122	199
Pureza	0.4	0.43	0.49	0.54	0.51	0.61	0.73	0.74	0.69	0.58	0.63	0.67	0.69	0.67	0.61	0.73	0.65	0.69	0.65	0.62	0.58	0.7	0.69	0.69	0.68	0.74	0.64	0.44

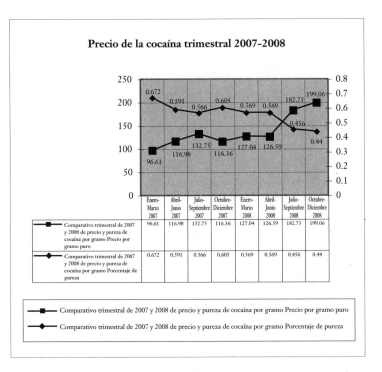

Precio de la cocaína trimestral 2007-2008

	Enero-Marzo 2007	Abril-Junio 2007	Julio-Septiembre 2007	Octubre-Diciembre 2007	Enero-Marzo 2008	Abril-Junio 2008	Julio-Septiembre 2008	Octubre-Diciembre 2008
Comparativo trimestral de 2007 y 2008 de precio y pureza de cocaína por gramo Precio por gramo puro	96.61	116.98	132.75	116.36	127.04	126.59	182.73	199.06
Comparativo trimestral de 2007 y 2008 de precio y pureza de cocaína por gramo Porcentaje de pureza	0.672	0.591	0.566	0.605	0.569	0.569	0.456	0.44

■— Comparativo trimestral de 2007 y 2008 de precio y pureza de cocaína por gramo Precio por gramo puro

♦— Comparativo trimestral de 2007 y 2008 de precio y pureza de cocaína por gramo Porcentaje de pureza

La DEA y Felipe Calderón afirman que los aumentos recientes de precios se deben a la escasez de la oferta derivada de los esfuerzos coordinados de Estados Unidos, Colombia y México, con los consiguientes golpes asestados a los cárteles. Sólo que esta tesis tampoco se sostiene. De acuerdo con el Centro de Inteligencia Nacional para las Drogas (NDIC), la tendencia a la alza "se mantendrá durante parte del 2009", pero califica el fenómeno como "esporádico". Otras instituciones plantean que si bien es cierto que los cárteles se han visto debilitados, lo cual dificulta el flujo, la "oferta de droga está virtualmente intacta". La Oficina en Washington para Asuntos Latinoamericanos (WOLA) asevera que en otras épocas también surgió este fenómeno; al cabo de uno o dos años, los narcotraficantes "hacen los ajustes necesarios" y la oferta se estabiliza. Para fundamentar esta afirmación, plantea que en los últimos 30 años se han dado varios "picos": en 1981–1982; en 1990; en 1994–1995 y en 1999–2000. Posteriormente, en cada caso, los precios cayeron incluso por debajo de su nivel anterior. Las series históricas revelan que en el aumento y la reducción de los precios intervienen múltiples factores, no sólo el combate al narcotráfico; después de un tiempo, el mercado siempre se estabiliza a la baja.

La droga que más se consume es la mariguana; sus precios al menudeo se han mantenido estables desde finales de la década de los noventa. Del 2003 a 2007, el gramo se vendía al menudeo entre los 16 y 17 dólares en Estados Unidos. El NDIC registra que existen grandes variaciones de los precios al *mayoreo*, dependiendo si la mariguana es de producción doméstica o hidropónica, si proviene de Canadá o México, pero estas diferencias no afectan al consumidor final. El precio del gramo de heroína pura ha disminuido desde los noventa, con la excepción del periodo 2004–2006, cuando sufrió un ligero aumento. En los últimos 10 años, la reducción acumulada ha sido de 30 por ciento, para todos los niveles de pureza. Entre 2003 y 2007 el precio se mantuvo entre los 360 y los 400 dólares, con una tendencia ligeramente a la baja. Para el IDA los datos sobre metamfetaminas son más escasos e imprecisos en términos de calidad y precios. Disminuyeron constantemente, para caer a la mitad entre 1998 y 2005, pero con picos en 1995–1996, 1998 y 2006–2007. Entre 2003 y 2007 el precio de un gramo puro se mantuvo entre los 125 y 160 dólares.

Así, el consumo en su conjunto sólo ha variado en cuanto al tipo de droga, según la época y el estado de ánimo de la sociedad estadounidense; los precios, salvo pequeños picos, se han mantenido estables, con tendencia histórica a la baja. Surgió un pico en el precio "de la calle" de la cocaína en Estados Unidos durante 2008, pero a partir de principios de 2009, la mayoría de los indicadores sugieren que los incrementos de precio han sido mínimos, y tal vez se ha comenzado a restablecer el *status quo ante*. Por tanto, no ha habido una reducción ni de la demanda, ni de la oferta en general. Lo cual no descarta la posibilidad (la más deseable desde todos los puntos de vista) de que, aun si la demanda y la oferta de Estados Unidos son estables, se haya producido una reducción en la oferta *mexicana*, sustituida por una oferta procedente de otros países. Sabemos que un proceso de este tipo se ha producido en lo tocante a la mariguana; desde hace años, aunque la demanda ha aumentado ligeramente gracias a la despenalización "médica", el norte de California, sobre todo en Mendocino, y los estados de Oregon y Washington se han transformado en importantes zonas de cultivo de dicha planta.

Pero en el caso de la droga más importante desde el punto de vista de la violencia y del negocio, esto es, la cocaína, por el momento no contamos con elementos que nos permitan creer que ha crecido la oferta proveniente de otros países, o que haya decaído la que transita por México. Más aún, fuentes cercanas a la lucha del gobierno mexicano confiesan que buena parte de los esfuerzos realizados anteriormente (o todavía pendientes) para sellar la frontera terrestre, aérea y marítima en el sur de nuestro país (con radares terrestres multimodales, globos aerostáticos, y radares aéreos montados en mini AWACS) han quedado en desuso, o, como el sellamiento del Istmo de Tehuantepec, aún no acontecen. No existe entonces ninguna razón para pensar que la producción mexicana de heroína y mariguana y el tránsito de cocaína por nuestro país hacia Estados Unidos hayan disminuido en estos tres años. En cambio, es probable que la exportación de metanfetaminas sí haya caído; esto puede deberse a la guerra calderonista (sería una medalla), al desplome de la demanda en Estados Unidos, o a una combinación de ambos factores. El hecho es que, sin variaciones fuertes de la demanda, sin reducción de la oferta procedente de América del Sur, y aun si el volumen que transita por México ha disminuido, el mercado lógicamente sigue estable. Otras posibilidades —rendimientos superiores de las superficies, sobre todo en Colombia, y el desvío por Venezuela de una parte de los envíos de cocaína a Estados Unidos que anteriormente transitaban por México— podrían explicar este fenómeno. Existen algunos indicios, entonces, de que quizás ha descendido el volumen de la oferta mexicana, pero muy difícilmente esto puede justificar los enormes recursos materiales y humanos gastados, el auge espectacular de la violencia y el terrible deterioro de la imagen de México en el mundo, provocado por la guerra contra el narco.

Una consideración final

Una política de drogas realista y humana debe centrarse no en su erradicación, sino en la reducción de los daños a la sociedad y las personas. Al asumir su cargo, Kerlikowske prometió que la "estrategia nacional sobre las drogas será rigurosamente evaluada y se adaptará a las nuevas circunstancias". En ese mismo tenor, WOLA asegura que las estrategias anteriores han fracasado; se requiere una rigurosa evaluación de los intentos fallidos de restringir la disponibilidad de drogas ilícitas; de una estrategia punitiva que obliga a la desaparición de los cultivos de cocaína; de la persecución de los narcotraficantes en los países productores y de tránsito, así como del encarcelamiento masivo de los consumidores estadounidenses.

La realidad ha desmentido las afirmaciones triunfalistas al final de la administración Bush, según las cuales el alza de los precios, producto de la estrategia de combate a las drogas, redujo el consumo. Muy pronto, el mercado volvió por sus fueros, a pesar del Plan Colombia o de la "guerra" del presidente Calderón. Analistas estadounidenses consultados por los autores manifiestan sus dudas sobre las posibilidades de éxito de este tipo de políticas. Saben que el aumento momentáneo de los precios siempre trae consigo, aunque no se quiera, un aumento de la violencia en las ciudades de Estados Unidos, además de que el mercado siempre regresa a sus niveles históricos. Como lo señala la policía de Washington, D.C., "cuando hay la misma demanda y menos oferta" se radicaliza la competencia y aumenta la violencia en las calles. En su momento, la administración Bush se negó a publicar investigaciones que probaban que las cosas eran así, porque contradecían su discurso. Los precios bajos de la cocaína no se han visto reflejados tampoco en un aumento significativo del consumo, que permanece estable. En 2007, el gramo de cocaína costaba la mitad que en 1988, pero proporcionalmente prevalecía el mismo número de consumidores.

Que los estadounidenses reconozcan ser parte del problema no es nada nuevo. Así se lo han dicho a todos los presidentes mexicanos desde Luis Echeverría; de ahí no se deriva un cambio de su política. La inclusión del tema del narcotráfico entre los presidentes de Estados Unidos y México no es novedad; figura en la agenda bilateral desde hace casi 40 años. Una primera referencia surgió en la reunión que sostuvieron Richard Nixon y Luis Echeverría en junio de 1972 en Washington; por su parte, incluso México "empezó a quejarse por el aumento del tráfico de armas, que bien pudieron acabar en manos de grupos radicales que buscaban la apertura del sistema autoritario y hasta una revolución a la manera de Cuba". En 1976, Sheldon Vance, quien fuera asesor de Henry Kissinger, así como el director de la DEA, Peter Besinger, resumieron: "ningún otro esfuerzo internacional para combatir el tráfico de heroína está teniendo mejores resultados que el programa de erradicación del gobierno mexicano". En 1979 Jimmy Carter le reconoció a López Portillo: "hemos trabajado conjuntamente en forma eficaz para combatir el tráfico de narcóticos, aunque sabemos que la carrera está lejos de haber concluido".

El reconocimiento explícito de parte de las autoridades de Estados Unidos de que ellos son parte del problema se remonta por lo menos a hace 20 años. Para mayo de 1985, Sergio García Ramírez, procurador general de Justicia durante la administración de Miguel de la Madrid, al reunirse con su homólogo estadounidense Edwin Meese, dijo "haber tenido una buena impresión de él". Meese aceptó que en gran medida el problema de la droga se encontraba en los Estados Unidos; además, reconoció que ellos también tenían serios problemas de corrupción en la policía y que habían fracasado al combatir el narcotráfico. En febrero de 1988, en la cumbre de Mazatlán entre Miguel de la Madrid y Ronald Regan, éste último admitió que "el problema era el consumo en Estados Unidos" y que se trabajaba para disminuirlo. En esa ocasión el canciller mexicano Bernardo Sepúlveda declaró con satisfacción que ése era "un elemento nuevo" en la relación bilateral y que iba ayudar a la lucha contra el narcotráfico.

En el encuentro de febrero de 1992 entre el presidente Carlos Salinas y George Bush padre, en San Antonio, el gobierno de Estados Unidos se comprometió a proporcionar casi un centenar de helicópteros Huey para apoyar el combate al narcotráfico por parte de las autoridades mexicanas; helicópteros que Ernesto Zedillo devolvió en 1998 por ser viejos, caros y casi inservibles.

El reconocimiento de parte de Estados Unidos del problema que representa el tráfico ilegal de armas también data de hace 12 años. En mayo de 1997, en el encuentro entre Zedillo y Bill Clinton en la Ciudad de México, el presidente estadounidense se comprometió a "frenar el tráfico de armas ilegales hacia México que fortalece a los narcotraficantes". Ese mismo año, en el mes de noviembre, en un nuevo encuentro de los presidentes en Washington, se firmó un acuerdo conjunto de cooperación "para combatir al narcotráfico". En febrero de 1999, en Mérida, Yucatán, los mandatarios firmaron otro acuerdo para "frenar la violencia en la frontera", producto de la acción del crimen organizado. Ni siquiera hace falta citar ejemplos más recientes, salvo para recordar que la ahora famosa y supuestamente innovadora Iniciativa Mérida fue acordada por Calderón y George Bush en febrero de 2007.

A las autoridades mexicanas les debe quedar claro que el gobierno de Estados Unidos siempre les dará "palmaditas", pero que nunca asumirá la corresponsabilidad de la lucha contra el narcotráfico, por tres razones. Primero, no están dispuestos a pagar el costo de llevar la "guerra" al interior de su país, sobre todo si hay alguien que lo quiere hacer por ellos. Segundo, disponen de evidencias para comprobar que el enfoque punitivo está destinado al fracaso. En tercer término, piensan que el problema de las drogas debe ser tratado como un asunto de salud pública que implica algún tipo de legalización, que en los hechos ya ocurre aunque no se le quiera llamar así. Todos debemos asumir que el gobierno y la sociedad estadounidenses avanzan hacia allá.

En el hipotético caso de que México lograra controlar la acción de los cárteles e impedir el tráfico de las drogas hacia Estados Unidos, los abastecedores cambiarían las rutas de introducción, pero no más. Las nuevas opciones de la política estadounidense en relación con las drogas, tal como lo señala WOLA, "deben considerarse a luz de las pruebas históricas y no de ilusiones".

¿Por qué dar, entonces, esta guerra, si nuestros vecinos caminan en otra dirección?

Capítulo VI

México y Colombia no son lo mismo

En una de las declaraciones más candorosas del sexenio de Felipe Calderón, el secretario de Gobernación, Fernando Gómez Mont, le confesó al *Washington Post*, el 28 de julio de 2009, a propósito de la guerra contra el crimen organizado: "nadie nos ha propuesto una alternativa". Se trató de una afirmación honesta. Efectivamente, la sociedad mexicana, con algunas excepciones, ha permanecido impávida ante la decisión de emprender esa guerra o la ha apoyado acríticamente. Pero también se trataba de una afirmación desconcertante: quien debe construir la alternativa es justamente el gobierno, pero nunca la va a hallar si no la busca. Lo interesante es que bastaría con mirar a nuestro alrededor para empezar a entrever algunos de los rasgos distintivos de esa alternativa, que el gobierno dice que nadie le ha presentado, pero que de seguro podría elaborar si en verdad se lo propusiera.

El caso colombiano y los daños colaterales

El primer país donde habría que indagar es Colombia. Este país ha sido utilizado como contraejemplo por muchos ("México no es Colombia"), pero también como ejemplo de la inevitabilidad de la guerra contra el narco. Según la historia oficial, Álvaro Uribe enfrentó al crimen organizado porque ya no era tolerable la convivencia, ni tanta complacencia y complicidad con aquél. Ambas aseveraciones, tomadas al pie de la letra, son ciertas, pero rascando un poco más se tornan en medias verdades. Sin duda, México no es Colombia, pero por razones distintas a los que muchas piensan.

México no es Colombia por dos motivos fundamentales. El primero es la existencia de guerrillas y grupos paramilitares que, aunados al narcotráfico, conformaron en Colombia una mezcla explosiva que estuvo a punto de destruir al país hace unos años. En México nunca ha habido paramilitares, salvo unos cuantos asesinos en Chiapas; guerrillas, en el sentido fuerte de la palabra, tampoco. Ni los zapatistas, ni el Ejército Popular Revolucionario (EPR), ni cualquiera de las otras bandas compiten en las mismas ligas que las Fuerzas Armadas Revolucionarias de Colombia (FARC). Son parte de la simulación mexicana.

La segunda razón por la que México no es Colombia consiste en nuestra orografía, o si se prefiere, nuestra geopolítica interna. Por la forma en que Colombia está conformada geográficamente —tres grandes valles y tres grandes ríos, divididos por dos grandes cordilleras—, el Estado nunca tuvo el control territorial con el que sí cuenta el Estado mexicano por lo menos desde finales del porfiriato. El Estado colombiano nunca logró establecer un dominio completo sobre su territorio: sobre los valles, la Amazonía, las costas del Caribe y del Pacífico; sobre la frontera con Venezuela, Panamá, Ecuador, Perú y Brasil. El Estado mexicano, en cambio, domina su territorio, a pesar de todas las deficiencias, insuficiencias y desavenencias que se quieran. Ésta, junto con la anterior, es la gran diferencia entre México y Colombia.

La segunda frase ("Uribe por fin le declaró la guerra al narcotráfico") también es cierta sólo parcialmente. La hazaña del primer presidente reelecto en la historia moderna de Colombia, a lo largo de sus ocho años en el poder, en realidad comenzó a consumarse desde el régimen anterior, de Andrés Pastrana, con el arranque del Plan Colombia en 1999, pero no fue una guerra victoriosa contra el narco. Se trató más bien de una estrategia, a través de la política de "seguridad democrática", para combatir los llamados daños colaterales de la simbiosis explosiva compuesta por las guerrillas de las FARC, en menor medida del Ejército de Liberación Nacional (ELN), los paramilitares o Autodefensas Unidas de Colombia (AUC) y el narcotráfico. En ese combate, que no guerra, Uribe ha alcanzado triunfos notables, a la vez que ha generado simulaciones no intencionales, dignas de nuestro país. Gracias a ello, ha podido construir una sobresaliente imagen dentro y fuera de Colombia: precisamente lo que nosotros podríamos lograr si fuéramos un poco menos atrabancados y un poco más sutiles.

¿A que nos referimos? En primer lugar, Uribe logró, en buena medida gracias a la intervención directa de hasta mil 400 asesores norteamericanos, reducir de manera dramática el número de atentados con bombas, de mil 549 en 2000 a 347 para 2008; de 236 ejecuciones y 26 mil 540 asesinatos en 2000, a 37 y 16 mil 140, respectivamente, en 2008; y los secuestros (aquellos descritos con el genio de siempre por García Márquez en su novela *Crónica de un secuestro*) pasaron de 3 mil 572 en el año 2000 a 437 para el 2008.

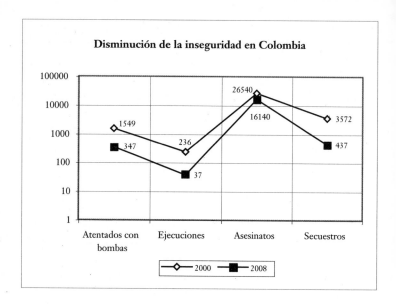

Disminución de la inseguridad en Colombia

- Atentados con bombas: 2000 = 1549, 2008 = 347
- Ejecuciones: 2000 = 236, 2008 = 37
- Asesinatos: 2000 = 26540, 2008 = 16140
- Secuestros: 2000 = 3572, 2008 = 437

Legend: ◇ 2000   ■ 2008

Las estadísticas de cualquier gobierno asediado deben ser tomadas con un grano de sal, pero quien haya recorrido un viernes en la noche la Zona Rosa o la Zona G de Bogotá en los últimos meses puede comprobar, de manera anecdótica, el efecto de estos datos. Las calles se encuentran atestadas de paseantes, libres y desparpajados. He allí lo que tenía aterrorizado al país, y lo que la ciudadanía reclamaba: no la desaparición del narco en sí, ni de la guerrilla en sí —los colombianos siempre han sabido que jamás podrán triunfar—, sino sus *efectos*. Prácticamente desaparecieron fenómenos como la llamada "pesca milagrosa", en la que personas que transitaban por las pésimas carreteras colombianas eran detenidas, secuestradas y/o asaltadas para ver qué traían, lo cual afectaba a miles de ciudadanos de a pie. Hoy las vías de Colombia son relativamente seguras.

Con los paramilitares, Uribe celebró un pacto faústico. A cambio de una amnistía y de la extradición a Estados Unidos de algunos capos, convenció a la mayoría de entregar las armas y reincorporase a la vida civil, gracias a programas de cultivo, terapias, empleo y familias, apoyados por la iglesia católica y el Plan Colombia. Esto implicó el indulto a varios criminales cuyas violaciones a los derechos humanos convierten en *peccata minuta* las peores barbaridades acontecidas en México. Pero para fines prácticos, "los paras" han desaparecido, el ELN también —salvo en los bares de La Habana— y, salvo alguna sorpresa, las FARC se encuentran en vías de extinción. Han perdido a su líder histórico, Manuel Marulanda; a Raúl Reyes, su vocero, y sus computadoras; a sus rehenes más importantes (Ingrid Betancourt y tres estadounidenses), además de que han perdido 17 mil 274 efectivos entre 2006 y 2008. La sorpresa puede significar que consigan, gracias a Hugo Chávez, mísiles tierra-aire que les permitan neutralizar la superioridad aplastante del ejército colombiano en los cielos. Pero, sin un milagro de esa naturaleza, sus días parecen contados.

La corrupción procedente del narco y la complicidad de distintos sectores de la clase política colombiana, ya sea con las FARC (los menos) o con las AUC (los más) no han desaparecido ni desaparecerán. Pero han disminuido, y se han transparentado. Hay juicios, denuncias, renuncias e investigaciones que han arrojado casi 100 legisladores inhabilitados al día de hoy. Todo esto ha tranquilizado a la ciudadanía. También han decrecido las violaciones de derechos humanos, una de las taras más graves que cargaba el Estado colombiano, gracias a las protestas de la sociedad civil, de ONGs internacionales como Amnistía Internacional y Human Rights Watch, y a la necesidad de Uribe de lograr la aprobación —indefinidamente detenida— de su tratado de libre comercio con Estados Unidos. Cuando persisten abusos intolerables, como en el caso de los llamados "falsos positivos", han recibido una publicidad y han provocado un escándalo en Colombia que ya quisiéramos para un día de fiesta en México

En otras palabras, la faena de Uribe ha consistido en reducir buena parte de los *daños colaterales* generados por las peculiaridades de su país, y por el tripié narco-guerrillas-paramilitares. Tuvo la astucia de plantear que todo ello, al igual que el Plan Colombia, se derivaba de su guerra contra el narcotráfico, y no al revés: un sustituto de un supuesto combate frontal, donde los hipotéticos avances contra el narco provenían del acotamiento de los daños colaterales. En parte por razones jurídicas: la ayuda de Estados Unidos sólo podía ser destinada a la lucha contra el narcotráfico, ya que por definición no representaba una asistencia contrainsurgente. El Plan Colombia permitió, gracias al dinero y a su utilización eficaz a través de la presencia de más de mil asesores norteamericanos en Colombia, una reestructuración de sus fuerzas armadas y de la Policía Nacional, creada en 1948 después del Bogotazo. Se puede pensar que el costo en soberanía y derechos humanos fue excesivo, pero dio resultados. No para disminuir la fuerza de los cárteles, que empezaron a ser desmantelados no sólo antes de Uribe, sino incluso antes del propio Pastrana, sino como esquema contrainsurgente. Aquí es donde la discusión se vuelve más interesante.

La siembra, la producción y la exportación de la "merca"

De acuerdo con las cifras del principal aliado de Uribe, a saber, el gobierno de Washington, la superficie sembrada de hoja de coca en Colombia se ha mantenido estable e incluso ha crecido ligeramente entre finales de los años noventa y el momento actual. Las estadísticas proceden de la DEA y el Departamento de Justicia, las anuncia el Departamento de Estado, pero la tecnología —satélites y aviones— son de la Agencia Central de Inteligencia (CIA). Según estas fuentes, la siembra pasó de 122 mil hectáreas al arrancar el Plan Colombia en 1999, a 167 mil en 2007. Los datos para 2008 aún no han sido difundidas por el Centro de Narcóticos y Crimen (CNC) de la CIA, según algunos porque tanto para Colombia como para Perú y Bolivia en materia de hoja de coca, y para México en amapola y mariguana, son desalentadores.

Es cierto que el gobierno colombiano proporciona otros datos, que a su vez reproduce la ONU en Viena. Estos sugieren una caída de la superficie sembrada: de 163 mil en 2000 a 100 mil en 2007. La diferencia es importante y explicable. En primer lugar, Uribe y algunas agencias de Estados Unidos sostienen que se cuenta hoy con mejores métodos para medir la superficie sembrada; los adelantos tecnológicos en fotografía aérea y espacial de los sembradíos de hoja de coca atraviesan la espesa capa de nubes o neblina que permanentemente tapan buena parte de los valles y montañas de Colombia. Ello permite a Estados Unidos *detectar* más hoja de coca que antes, pero no implica que se *siembre* más; de ahí las mayores cifras norteamericanas difícilmente comparables entre sí, mientras que las colombianas provienen de los mismos criterios. El gobierno de Bogotá alega que la superficie puede haber disminuido, aunque se descubran más sembradíos, gracias a dichos avances técnicos.

De acuerdo con el CNC, en su evaluación de la puesta en práctica del apoyo del gobierno de Estados Unidos a los componentes de reducción de cosechas ilícitas del Plan Colombia, "a pesar de grandes inversiones, a finales de 2007, la superficie de cultivo de cocaína permanecía elevado, ubicándose en 167 mil hectáreas", casi exactamente el mismo número que en 2001 (170 mil). "Existen tres razones para pensar que tal vez las cifras son menores. En primer lugar, el gobierno de Estados Unidos tal vez haya subestimado la superficie de cultivo en los noventa y principios del 2000, ya que la utilización de satélites era más limitada y grandes áreas de cultivo escapaban a la detección, mientras que hoy es más precisa. En segundo lugar, algunos funcionarios sostienen que su gobierno *sobreestimó* el potencial de producción de cocaína en Colombia; la ONDCP revisó su estimado para 2001, bajándolo de 830 a 700 toneladas. Sin embargo, no hay ninguna garantía de que estas estimaciones revisadas sean plenamente correctas; es posible que muchas zonas escapen a la detección. En tercer lugar, funcionarios de Estados Unidos sostienen que un logro del esfuerzo en Colombia ha sido revertir la tendencia de dos decenios de expansión de la superficie sembrada. Finalmente, si bien detener la tendencia fue un logro, esto parece también revertirse, ya que desde 2004 la superficie de cultivo ha aumentado en Colombia."

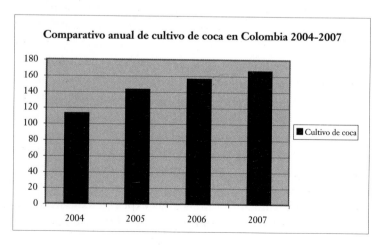

Comparativo anual de cultivo de coca en Colombia 2004-2007

Además, distintos expertos consideran que el impacto de la mayor superficie sembrada puede resultar incluso muy superior a la descrita debido a dos factores. El primero consistiría en el aumento de rendimiento de las plantas sembradas. Como se sabe, Colombia no es un país de cultivo ancestral como Perú y Bolivia. Hasta hace 30 años, no crecía hoja de coca en Colombia, ni yendo a bailar a Barranquilla. De la misma manera que los cárteles lograron cultivar lo incultivable, seguramente pudieron aumentar los rendimientos. Según ciertos datos, el rendimiento ha crecido de 4.7 a más de 7.3 kilos por hectárea en años recientes, aunque en la región de Meta y Guaviare y Nariño cayó por el efecto acumulado de la fumigación. El segundo factor estriba en un mejor camuflaje de las plantas. Algunos especialistas creen que ahora los campesinos y narcos siembran la hoja debajo de los cafetos de las montañas, y de los bananos de los valles, como se hace con la mariguana en nuestro estado de Guerrero, lo cual dificulta la detección y la fumigación o erradicación subsiguientes.

En otras palabras, o se toman las estadísticas tal como son, y en tal caso, no sólo no ha bajado la superficie sembrada, sino que ha aumentado; o se introducen factores adicionales, unos a favor y otros en contra de una mayor o menor siembra, pero en ambas hipótesis nos quedamos más o menos con el mismo resultado. En síntesis, podrá haber guerra contra el narco, pero no hay victoria en lo referente a las hectáreas de hoja de coca sembradas por el narco.

Ahora bien, esto que resulta cierto para la superficie sembrada, lo es también, lógicamente, para la *producción* de cocaína. Según las mismas fuentes, en 1999 se produjeron 530 toneladas de coca en Colombia y en el 2007 la cifra alcanzó las 535 toneladas, todas ellas exportadas; para 2008 algunas fuentes señalan un total de casi 800 toneladas.

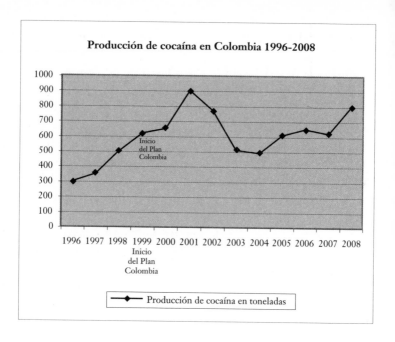

Producción de cocaína en Colombia 1996-2008

Inicio del Plan Colombia

Inicio del Plan Colombia

Producción de cocaína en toneladas

A partir de ese año, una cuota pasaba ya por Venezuela, camino a otros destinos; otra parte seguía dirigida a Estados Unidos, vía México y Centroamérica, pero una proporción creciente se encamina a Brasil —el segundo consumidor de coca en el mundo—, a España —el primer consumidor *per cápita*—, y al resto de Europa, incluida Rusia. Estos montos representan una consecuencia previsible de las estadísticas de siembra. De haber disminuido la siembra en Colombia, habría bajado también la producción y exportación, ya que, como vimos en el capítulo cuarto, si bien las superficies sembradas en Perú y en Bolivia se incrementaron levemente, en términos absolutos no pintan frente a la extensión sembrada en Colombia.

De tal suerte que Uribe se voló la barda. No afectó el cultivo, la producción ni la exportación de coca de su país al resto del mundo, pero redujo dramáticamente los daños colaterales generados por las actividades del crimen organizado, en asociación con las guerrillas y los paramilitares. Además, se liberó de la presión de Estados Unidos en materia de narcotráfico, lo que se había convertido en una verdadera pesadilla para Colombia. Como se recordará, antes del 2002, cuando gracias a los esfuerzos del gobierno anterior de México fue derogada la Ley de Certificación en el senado de Estados Unidos, los colombianos sí fueron descertificados en varias ocasiones; un presidente en funciones, Ernesto Samper, fue acusado penalmente por vínculos con el narco, y vio cancelada su visa para entrar a Estados Unidos.

Gracias a la exportación de drogas vía Venezuela rumbo a otros países, a su abierta y clara apuesta por Bush, al grado de enviar tropas a Irak, y a sus constantes esfuerzos en Estados Unidos por lograr la aprobación del tratado de libre comercio, el presidente colombiano se volvió la niña de los ojos del conservadurismo estadounidense. Los demócratas progresistas, defensores de los derechos humanos o protectores de la economía interna estadounidense, no pudieron afectar esa imagen. Colombia aparece hoy como un país en paz, donde conviene ir a pasar vacaciones, donde el turismo aumenta y "el único riesgo es querer quedarse", como dice la magnífica publicidad. Todo esto se narra abiertamente en miniseries espectaculares como *El cártel de los sapos*. La tesis de recambio estadounidense y colombiana, a saber, que gracias a este primer éxito (resultado de 10 años de esfuerzo) ahora podrá consumarse el siguiente —reducir la producción de cocaína, por lo menos en Colombia— se antoja remota o francamente inverosímil.

Conclusión: en Colombia empiezan a dibujarse los contornos incipientes de parte de una alternativa para México. No se trata de mantenernos pasivos, o de tirar la toalla y resignarnos al *status quo*. La alternativa comienza con combatir los *daños colaterales* del mal: la violencia, los secuestros, los delitos menores que aterran a la gente, la corrupción, antes que los *orígenes* del mal. Si el gobierno de México se hubiera abocado, como el de Colombia, y por supuesto que sin anunciarlo, a atacar los efectos, los síntomas y las consecuencias del mal antes que sus causas, tal vez otro gallo estaría cantando.

Una alternativa: atacar los daños colaterales

¿Cuáles son los daños colaterales en México? Pues los que todos conocemos: los que han sido descritos ampliamente por la nota roja y los periódicos nacionales, a saber, los decapitados, los secuestros, las balaceras, los atentados (aunque en realidad sólo ha habido dos: en Morelia y a las instalaciones de Pemex, ambos bajo circunstancias extrañas), la extorsión a empresarios y a profesionistas (el llamado derecho de piso). Las guerrillas no existen, los paramilitares tampoco; la corrupción indudablemente sí ha existido desde tiempos inmemoriales, pero a menos de que Calderón quiera dispararse otra vez en el pie, difícilmente podría demostrarse que supera la de las épocas del PRI.

Justamente sobre los medios de comunicación se impone un nuevo, breve, paréntesis. Varios sectores y personalidades en México, incluidos algunos que le hablan al oído a Calderón (otra cosa es que los escuche), han sugerido que debiera hacer lo mismo que Álvaro Uribe: convencer a los medios de que trasladen la información sobre violencia, narcotráfico, ejecuciones, etc., a las secciones de nota roja, sacándolas de los titulares de los noticieros. Hay quienes se encuentran convencidos de que gracias a esta operación,

Uribe logró bajarle los decibeles a los hechos mismos, o en todo caso, a su repercusión en Colombia. No sabemos si Calderón haya atendido esa sugerencia; si lo hizo, evidentemente fracasó. Pero nosotros no lo lamentamos. Se sabe dónde comienza esa manipulación, pero no dónde termina. Arranca con la prelación de las noticias, culmina con el control del contenido de una columna de opinión, de un reportaje especial, de una entrevista en radio, de un libro... como éste.

En cualquier caso, atacar los daños colaterales resulta distinto que atacar frontalmente al narco, o como dice Carlos Fuentes, "a todos los narcos, todo el tiempo". En México, efectivamente, durante muchísimos años, los sucesivos gobiernos combatieron los *efectos* colaterales de algunos cárteles, a ratos, y no las *causas* de todos, todo el tiempo. No es evidente qué sea mejor. El ejemplo de Colombia es incontrovertible en cuanto a los hechos, aunque, por supuesto, pueden prevalecer opiniones muy distintas o abiertamente discrepantes sobre el carácter deseable de esa ruta. Sobre todo si implicó, como lo piensan algunos, una especie de pacto tácito o explícito con los *cartelitos*. En Colombia, por lo menos, nunca se han avergonzado de ello. Desde la época del presidente César Gaviria, el gobierno pactó distintas formas de entrega de los "capos del narco", empezando por Pablo Escobar a su prisión de "La Catedral". (De nuevo, *El cártel de los sapos* es maravillosamente ilustrativa al respecto.) Los narcos pactan a cada rato sus entregas con la policía, con el ejército y con el gobierno, incluso negocian con la DEA su extradición a Estados Unidos para volverse testigos protegidos y echar de cabeza (convirtiéndose en sapos) a distintos socios o competidores.

Nosotros carecemos, desde luego, de elementos para afirmar o negar que en el caso de Uribe se hayan realizado pactos implícitos o explícitos entre el gobierno, el ejército o la policía, y tal o cual sector del crimen organizado. Pero aún sin ningún tipo de acuerdo formal o indirecto, es evidente que el narco entiende si el corazón del esfuerzo de las autoridades va dirigido contra ellos, o se concentra en la lucha contra las FARC o los "paras"; contra las bombas, los secuestros, los asaltos y las ejecuciones o contra la siembra, los hornos de microondas y la acetona. No se necesita decir nada para que cada quien entienda lo que sucede. La discusión sobre "pactar con el narco", por lo menos a propósito de Colombia, resulta un poco ociosa. Si hubo pacto, era superfluo; y si no lo hubo, que es lo más probable, es porque salía sobrando.

En México, de la misma manera, no habría ninguna necesidad de "pactar con el narco", ni a nivel nacional ni estatal. Pero no nos hagamos de la boca chiquita: desde hace muchos decenios éste ha sido el arreglo a escala local, y abundan las versiones de continuidad de la corrupción en estados como Sinaloa, Durango, Chihuahua y Tamaulipas, cuando, en éste último, las autoridades se encuentran en condiciones físicas y mentales de hacerlo. Al grado que muchos funcionarios creen que allí yace el problema: en no haber atacado a todos, a tiempo. Simplemente con saber contra quiénes va el Estado, la otra parte reacciona. Si se les dice que "los estamos esperando", como lo hizo el secretario de Gobernación, hasta el más ignorante de los narcos comprende que es con ellos el pleito. Mientras que si la fuerza del Estado se concentra en otro ámbito; si todo el esfuerzo de las autoridades va enfocado a reducir o eliminar los secuestros, los asaltos, los robos en la vía pública, los robos de automóvil e incluso el narcomenudeo en sus puntos de venta más delicados; a infligirle tiros de precisión al crimen organizado ante excesos de violencia pública, también los narcos comprenden. Si fueran imbéciles, no serían ricos.

Los daños colaterales decisivos del narco —la corrupción y la violencia— son acotables; la prueba es que así ha sucedido en los países desarrollados. Lo son porque no le convienen ni a la autoridad ni al narco. Cuentan que hace poco, en la sucesión para gobernador de un estado proclive al crimen organizado, una figura allegada al narco participó en la contienda por la candidatura del partido dominante. Uno de los estrategas del cártel al que pertenecía hubiera confesado: "Apoyemos con todo a fulano, pero no para gobernador. No queremos ni necesitamos a uno de los nuestros".

Una alternativa: reducir el daño

Un segundo capítulo de la alternativa posible consiste, tal y como lo han propuesto varios gobiernos nacionales, estatales y municipales de Europa, Estados Unidos y Canadá, en sustituir los intentos de reducción de la *demanda* por la reducción del *daño*. La tesis, como siempre, procede de varios autores, y sin ofender a ninguno, optamos por atribuírsela al ya multicitado Ethan Nadelmann, cuyo trabajo ha sido apoyado desde hace muchos años por la Open Society Institute de George Soros. Aunque Nadelmann ha evolucionado en tiempos recientes hacia una postura proclive a la franca despenalización del consumo de cierto tipo de estupefacientes, su idea de la reducción del daño es cada día más válida. Se trata de buscar formas en lo individual semejantes a la reducción de los daños colaterales en lo nacional: registro de heroinómanos, tratamiento de rehabilitación si alguien lo desea, opción de metadona si la buscan, recambio de jeringas usadas por jeringas nuevas, verificación de la limpieza de las sustancias consumidas, detección de enfermedades inducidas (VIH, etc.). El mismo enfoque se utiliza para otras sustancias, sobre todo las sintéticas o las formas más degradadas de la cocaína, como el crack, o su versión argentina abominable, el *paco*, o la *piedra* en México. Es sinónimo de la reducción del daño la idea del enfoque de salud pública, y no de seguridad pública. Como dice Nadelmann: "El reto no es eliminar el uso de drogas, sino aprender a vivir con ellas, para alcanzar el menor daño posible y el mayor beneficio posible. La reducción del daño es un enfoque ético y pragmático… cuyo criterio central estriba no en la reducción del número de personas que usan drogas, sino en la reducción de los decesos, las enfermedades, los delitos y sufrimiento procedentes del uso y de la prohibición".

La reducción del daño incluye, obviamente, la llamada despenalización médica en Estados Unidos. Ésta refleja, sin duda, una postura hipócrita, pero en estos casos la hipocresía resulta útil. Junto con la reducción del daño, la "despenalización médica" en 15 estados de la unión americana puede ser también introducida en México, por lo menos para el caso de la mariguana. Probablemente surtiría el mismo efecto que en Estados Unidos, es decir, una legalización *de facto* que permitiría suprimir parte de la criminalidad vinculada al narco; cobrar impuestos; reducir las impurezas y el carácter tóxico al máximo; además de facilitar el tratamiento a quienes sean adictos, para desintoxicarse si así lo desean.

De la misma manera, existen otros componentes de la reducción del daño y de la semilegalización que han demostrado encerrar cierto éxito. Uno de los ejemplos más interesantes fue el que se produjo en el programa de televisión

Wired, en 2009, citado en un breve ensayo de Stephanie Hanson. En un barrio de mala muerte de la ciudad —también de mala muerte— de Baltimore, una especie de delegado decidió un buen día entenderse con los *pushers* y *dealers* de drogas en la zona, en un *quid pro quo* extraño y novedoso. Podían vender sus mercancías; la policía no los perseguiría, a condición de que imperara en la zona cero violencia, cero venta a menores, cero peleas callejeras y cero uso de armas blancas o de fuego. Se logró una caída drástica de la criminalidad; el consumo se mantuvo más o menos igual y la iniciativa se convirtió en todo un éxito hasta que el alcalde, por razones políticas, decidió prohibirla. Se volvieron a respetar las leyes … y volvió a dispararse la criminalidad.

En esta materia, la experimentación es fundamental. No se sabe nunca qué impacto va a provocar tal o cual iniciativa hasta que no se intenta. Difícilmente las cosas pueden resultar peores de lo que son en las calles de los barrios pobres de Baltimore, pero pueden mejorar. Lo mismo es cierto con múltiples zonas no sólo de la Ciudad de México, sino de muchas aglomeraciones del país. Pero claro, esto no lo podemos hacer solos.

Una alternativa: actuar en Estados Unidos

El tercer capítulo de la alternativa reside en una postura diferente ante Estados Unidos. Por el número de conversaciones que a lo largo de los años ambos autores hemos celebrado con funcionarios mexicanos, legisladores y otros distinguidos integrantes de las élites nacionales, nos resulta evidente que la postura explícita —aunque privada— de la mayoría de ellos es favorable a la legalización de sustancias actualmente ilícitas, a condición de que los estadounidenses procedan de manera análoga. Con toda razón: de realizarse una despenalización en México, sin llevarla a cabo simultáneamente en Estados Unidos, nos transformaríamos en el Zürich de América del Norte, una Ámsterdam de petate, una avenida Revolución de Tijuana a escala nacional. De esto se desprende una conclusión ineludible, esto es, que a México le conviene cabildear en Estados Unidos a favor de la despenalización, en lugar de pugnar por una ilusa reducción de la demanda que incluso va contra la corriente de las convicciones de numerosos funcionarios mexicanos y estadounidenses. Se enfrenta también a buena parte de la opinión pública en Estados Unidos. Algunos dirán: "nomás eso faltaba; ahora nos volveremos aliados de los güeros pachecos, o de los pinches gringos mariguanos, además de ser asesinos, corruptos y huevones".

No obstante la aparente sensatez de esta objeción, se trata de una visión miope. Si lo que nos conviene es la despenalización, por ella debemos luchar. Como en toda lucha, habrá victorias y derrotas, costos y beneficios, avances y retrocesos. Pero por lo menos estaremos defendiendo nuestros intereses, así como una causa que parece cada día más viable. Se está materializando en los hechos, como ya vimos con la legalización médica. En cambio, sabemos que la reducción de la demanda de drogas en los Estados Unidos, desde hace por lo menos 40 años, no ha sucedido. No hay razón alguna para esperar que suceda y, además, no está dicho qué nos convenga. Si no aconteciera una reducción equivalente en otros países, nuestros productores y traficantes simplemente cambiarían de mercado, como lo han empezado a hacer los colombianos por la vía venezolana que ya describimos.

Una alternativa: construir una policía nacional

La cuarta vertiente de una posible alternativa consiste en la reestructuración de las fuerzas públicas en México. Todos reconocemos que meter al ejército es la peor solución de todas, con la excepción, parafraseando a Churchill, de las demás. En efecto, fuera de las fuerzas armadas, todo es Cuautitlán. Pero esto que es cierto con Calderón, también lo ha sido con Fox, Zedillo, Salinas y De la Madrid. México no cuenta con una policía, ni siquiera como la colombiana, ya sin hablar de la chilena, capaz de actuar en todo el territorio nacional, capaz de intervenir y entrar en combate frente a todas las actividades contrarias a la ley. Henos entonces frente a un círculo vicioso: presidente que echa mano del ejército, por carecer de alternativas, pospone en los hechos, e indefinidamente, la construcción de una policía nacional. Esto obliga al sucesor a enfrentar el mismo dilema: ejército o narco.

Por ello, convendría más perseguir una estrategia de control de daños colaterales, de reducción del daño, de lucha por la despenalización en Estados Unidos y, en México, de repliegue táctico a un combate —a través del ejército— puntual, esporádico y aleatorio contra ciertos cárteles, en ciertos momentos, en ciertas zonas. Esto duraría el tiempo que tardemos en reestructurar los códigos penales de los estados y sustituirlos por un código penal único, y reemplazar a las policías municipales y estatales por una policía nacional única. Esa policía, que cumpliría con el conjunto de funciones asignadas a las otras, se tardaría sin duda un buen sexenio en construirse. Podría ir haciéndose cargo, de manera optativa (*opt–in, opt–out*), de la seguridad en distintos estados y municipios del país, en función de disponibilidades de efectivos operacionales. Gobernador que deseé entregarle al gobierno central la seguridad de su estado y lavarse las manos del asunto, bienvenido; gobernador que decline la oferta, adelante: que siga con las fuerzas policiacas con las que cuenta actualmente. Estamos convencidos de que la inmensa mayoría de gobernadores preferiría mil veces dejar esa responsabilidad en manos de la federación que perseverar en una lucha imposible con el enemigo en casa.

A la vuelta de un sexenio, o antes, se dispondría de una policía nacional bien entrenada, con una sección de asuntos internos especializada, con armamento, equipo de comunicación, transporte y uniformes homogéneos y, sobre todo, con un número adecuado de efectivos operacionales (es decir, de combate, armados y dispuestos a jugarse la vida, no de analistas de inteligencia como los 14 ejecutados de Michoacán en julio). A la larga, esta corporación no podría cumplir con sus nuevas responsabilidades si no sumara más de 150 mil efectivos, lo cual en un país de 110 millones de habitantes no es nada del otro mundo (la suma de policías estatales y municipales, en el mejor de los casos inútiles y en el peor cómplices, es de 390 mil; hoy en día los efectivos *operacionales* de la Policía Federal Preventiva no rebasan 20 mil). Tal vez se requiera más, sobre todo si dicha policía se llegara a hacer cargo algún día de la seguridad en el Distrito Federal y en el Estado de México; no pasaría nada.

Una alternativa: sellar el Istmo de Tehuantepec

Desde 2004, cuando aún era encargado del Cisen, y sobre todo a partir del 2005, cuando pasó a ser titular de la Secretaría de Seguridad Pública (SSP) con Fox, Eduardo Medina Mora, procurador General con Calderón, esgrimió la tesis del sellamiento de la frontera sur de México en el Istmo de

Tehuantepec. Retomaba y ajustaba una tesis que planteó en 1998 Óscar Rocha, yerno de Francisco Labastida, cuando el primero era agregado antinarcotráfico en nuestra embajada en Washington y el segundo secretario de Gobernación.

En un breve memorándum que fue entregado a las autoridades de Relaciones Exteriores en el sexenio de Fox por los funcionarios salientes, Rocha sostenía que la principal obra antinarcotráfico debía consistir en sellar la frontera sur con Guatemala, por tierra, mar y cielo (aunque parezca bolero). De ese modo, y contando para ello con los recursos aéreos, marinos y terrestres, humanos y materiales necesarios, se podría elevar el costo para los narcotraficantes de transitar por México, a tal punto que buscarían otra vía, de la misma manera que los capos colombianos encontraron el conducto mexicano cuando se les cerró el acceso, vía el Caribe, al sur de Florida. Rocha argumentaba entonces que se debían comprar aviones, globos aerostáticos, lanchas rápidas, radares, y construir las barreras terrestres imprescindibles para desviar a otras rutas la mercancía procedente de Colombia y encaminada a Estados Unidos. Esto, que hoy parece obvio, en ese momento no lo era tanto; Zedillo y luego Fox intentaron avanzar por este camino, sin demasiado éxito.

De ahí la ocurrencia, nada absurda, de Medina Mora: el problema no yacía en el concepto, sino en el lugar. Había que sellar la frontera donde se podía hacerlo, a saber, en el Istmo de Tehuantepec, que en su punto más estrecho apenas mide 210 kilómetos; es relativamente plano y habitado, a diferencia de la casi incontrolable frontera con Guatemala. Por supuesto que Medina Mora no desconocía los problemas que un enfoque de este tipo entrañaría para Chiapas, por ejemplo, e incluso para Tabasco, Campeche,

Yucatán y Quintana Roo. Pero el propio autor de la tesis, junto con múltiples colegas suyos que se han ido convenciendo en los últimos años de esto, parece haber concluido que esas consecuencias negativas son menores y más manejables que las de una defensa fútil de una frontera completamente porosa.

Nos confiesan funcionarios de distintas instancias gubernamentales que a pesar de que ni la tesis del sellamiento, ni la de su ubicación en Tehuantepec han sido abandonadas, en los hechos su aplicación se halla paralizada. Los globos aerostáticos están en tierra; no se han comprado más que tres aviones Embraer con radares aéreos, ni más lanchas rápidas suecas. Como todo esto forma parte de la opacidad de la guerra de Calderón, no sabemos a ciencia cierta si en efecto así es. Pero, en todo caso, podemos saber lo que creemos que convendría hacer hacia adelante.

En primer lugar, se trataría de sellar con fuerzas terrestres en carreteras, caminos, brechas y poblados el Istmo de Tehuantepec. En segundo lugar, habría que crear ahí una especie de *no fly zone*, en la que cualquier vuelo no comercial sería *ipso facto* derribado en cuanto apareciera en los radares. Desde hace dos años el gobierno de Calderón obliga a aterrizar en Cozumel o Tapachula a todos los vuelos privados procedentes del Caribe, Centro y Sudamérica; pero eso no equivale a ejercer plenamente la inmensa superioridad aérea con la que cuenta el Estado. Y, por último, sería menester, como se hace en parte, extender la cobertura marina por decenas de kilómetros, tanto en el Golfo como en el Pacífico, en ambas riberas del Istmo. Es cierto que algunos funcionarios aclaran que la vía preferida hoy por el narcotráfico es la terrestre y que la aérea ha caído en desuso, aunque algunos otros dicen lo contrario. Pero es evidente que si no se atacan los tres frentes simultáneamente, el más débil se convertirá en punto de ataque del narcotráfico.

Quizás la originalidad de esta propuesta, más allá de aplicarla en lugar de sólo pensar y discutirla, reside en una pregunta: ¿Puede México hacer esto solo? Todo indica que no. Por desgracia, no contamos hoy en día ni con el ejército, ni con la fuerza aérea, ni la marina necesarias para mantener este esfuerzo de manera duradera y eficaz. De ser así, la siguiente pregunta caería por su propio peso: dado que sólo Estados Unidos tiene un interés real para ayudarnos, ¿debemos buscar su ayuda para sellar Tehuantepec o la frontera con Guatemala? ¿O preferimos alcanzar un sellamiento a medias, por querer ser soberanistas a medias? Cada vez aceptamos más agentes de la DEA, la CIA, el Buró Federal de Investigaciones (FBI) y otras agencias estadounidenses, pero no asesores para llevar a cabo esta faena. Se trata de una de las grandes interrogantes a la cual probablemente tendrá que responder el siguiente sexenio. Sería, en efecto, un Plan Colombia para México, o simple y llanamente un Plan México.

De la misma manera, se requeriría de un apoyo de Estados Unidos mucho más moroso, duradero e "ingerencista" con el fin de secar el mar donde nadan los peces, para recurrir a una metáfora propia de la contrainsurgencia y atribuida antes a Mao Tse Tung. Un apoyo con el fin de detener realmente los flujos financieros de Estados Unidos a México y de México a Estados Unidos, así como para desmantelar los circuitos financieros del narco. Para controlar y limitar el lavado de dinero (es imposible erradicarlo) se necesitaría sin duda una revisión de cuentas, una suspensión del sigilo bancario para ciertos casos; cruzar datos financieros mexicanos y estadounidenses con signos exteriores de riqueza, declaraciones de impuestos con declaraciones patrimoniales en ambos países, y transferencias financieras, no sólo de más de más de 10 mil dólares (incluso éstas no siempre son vigiladas). Esto probablemente sí surtiría algún efecto. México y Estados Unidos vienen cooperando al respecto desde hace años; pero es obvio, a estas alturas, que dicha cooperación no ha alcanzado el nivel de confianza para compartir información, y ni de tener el *full disclosure* y *compliance* indispensables. No es seguro que los grandes magnates mexicanos quieran que Estados Unidos comparta con México información sobre ellos, o que ellos quieran compartir con las autoridades mexicanas información sobre sus activos en Estados Unidos; en el pasado han mostrado ser muy reticentes al respecto. Evidentemente, no habría que hacerlo porque se trate de patrimonios malhabidos, pero no se puede evitar si se quiere cubrirlo todo.

Vemos, entonces, que si bien no existe una alternativa perfecta, completa, y probada antes de su ejecución, puede construirse. Se tiene que ir armando sobre la marcha. Hay que ir aprendiendo las lecciones de distintos países, de distintas experiencias, de las mejores prácticas. Hay que innovar, experimentar e, inevitablemente, fracasar también. Pero la construcción de esa alternativa, con imaginación, audacia y valentía, es una empresa mucho más redituable que colocar los mismos dotes al servicio de una causa perdida, por la razones equivocadas, con los medios equivocados y persiguiendo fines equivocados.

Para concluir

A lo largo de estas páginas, hemos visto cómo las principales justificaciones para el guerra del narco no se sostienen. El consumo de estupefacientes en México o bien no aumenta, o bien lo hace a partir de una base tan pequeña que los incrementos absolutos resultan insignificantes, por más que los relativos parezcan alarmantes. A propósito de la violencia, del contubernio con el crimen organizado, de la extraterritorialidad y la corrupción de las esferas políticas, policiacas y militares, tratamos de demostrar que estas situaciones no son nuevas, permanentes, ni son más graves que antes, sin que ello justifique los hechos actuales o implique una postura de brazos caídos. Ésta es la tierra de Toledo Corro, de Arévalo Gardóqui y El Búfalo, de Gutiérrez Rebollo y Mario Villanueva, y de muchos, muchos más. No nos leamos las cartas entre gitanos.

Sobre la sabiduría convencional relativa a Estados Unidos, es decir, la creencia de que el origen del mal mexicano yace en la demanda y las armas estadounidenses, buscamos explicar que en parte se trata de medias verdades, en parte de sueños guajiros. La importación de armas a México desde el norte no es una explicación, ni mucho menos una causa de la violencia en nuestro país. Las armas provienen de todas partes, y países sin frontera con Estados Unidos padecen niveles de violencia muy superiores a los que rigen en México, niveles que en los últimos dos decenios han descendido notablemente, de acuerdo con las cifras del propio gobierno. La disponibilidad de armas en el mundo, y en Estados Unidos, es una constante, no una variable. Tal vez el poder de fuego de dichas armas haya aumentado en tiempos recientes, pero no son nuevas la Segunda Enmienda a la constitución norteamericana, que garantiza el derecho a portar armas, ni la fuerza cabildera de la NRA, ni es posible el regreso al *status quo ante* de 1994, cuando no existía el Assault Weapons Ban.

No ha caído, ni existe razón alguna para creer que caiga, la demanda estadounidense de sustancias ilícitas, que se ha mantenido estable durante casi medio siglo, a pesar del número incalculable de lamentos mexicanos de que la culpa la tienen los "pinches gringos mariguanos", ni a pesar del número igualmente incalculable de exigencias mexicanas para que los estadounidenses reconozcan su "responsabilidad" —algo que siempre han hecho, sin consecuencia alguna—. De allí no sólo el carácter inviable de exigir una reducción de la demanda, sino el rechazo al carácter deseable de dicha aspiración por parte de los sectores más progresistas, y cada vez más numerosos, de la sociedad estadounidense. A las preguntas obvias (¿A poco el gobierno no sabía todo ésto? ¿Entonces porque procedió como lo hizo?) respondimos desde el principio: por motivos políticos, producto directo de la supuesta necesidad de legitimarse, al término de un proceso electoral cuestionado por los perdedores.

Por último, propusimos una visión alternativa del "éxito" colombiano, sin menospreciarlo, y, a partir del mismo, un bosquejo de otro camino para México. Fuimos insinuando dicha alternativa a lo largo del texto —reducción del daño, combate a los daños colaterales, *quid pro quos* tácitos con los adversarios, conformación de una policía nacional, sellamiento del Istmo de Tehuantepec, una postura distinta ante Estados Unidos— e insistimos cuantas veces fue posible que esta opción equivale a todo menos que a resignarse al Apocalipsis sin hacer nada. Dejamos para el final la exposición de la sucinta propuesta para que se derivara del cuestionamiento y análisis de las tesis oficiales, y no al revés. Pero insistimos en presentarla, aunque no sea el objetivo de este opúsculo, porque es evidente que, a estas alturas, carece de sentido mirar únicamente hacia atrás. Calderón ya se metió en ésta dinámica, y (aunque ahora el tema esté devaluado, ocupando el noveno lugar en el decálogo presidencial de compromisos para la segunda mitad del sexenio) no existe una salida evidente.

Hace dos años, uno de nosotros formuló una analogía del panorama actual con la llamada "Doctrina Powell" sobre la primera guerra del Golfo Pérsico. Como algunos recordarán, Colin Powell, a la sazón jefe del Estado Mayor Conjunto de las Fuerzas Armadas de Estados Unidos y veterano de la derrota de su país en Vietnam, delineó cuatro requisitos indispensables para consumar una intervención norteamericana en el exterior sin desembocar en una nueva debacle, requisitos que se cumplieron en 1991. Primero, le parecía imprescindible una aplastante superioridad de fuerzas sobre el enemigo (*overwhelming force*); segundo, se necesitaba contar con una estrategia clara de salida (*exit strategy*); tercero, el éxito exigía una definición del triunfo (*a definition of victory*); y por último, no era posible la victoria sin el apoyo conciente e informado de la gente (*the hearts and minds of the American people*). De alguna manera, buena parte de Estados Unidos le reclamó a Powell, ya secretario de Estado, no haber demandado la aplicación de su doctrina antes de la invasión de Irak en 2003, ya que el fracaso de ese faena se debió en buena medida a la obcecación de Bush y Rumsfeld para proceder sin cumplir con las condiciones de Powell, quien por desgracia no se les opuso.

Nosotros no entramos en ese debate, pero explicamos en 2007 que la guerra de Felipe Calderón no cumplía para nada con las tres primeras exigencias de Powell, y sólo a medias con la cuarta. El Estado mexicano no cuenta con una fuerza infinitamente superior a la del narco, no se vislumbra una estrategia de salida, no existe una definición de la victoria y, aunque subsiste el apoyo de la mayoría de los mexicanos, dicho respaldo es escéptico, lejano al terreno y difícilmente duradero. Muchos de los resultados de hoy se podían vaticinar desde antes, a partir de esta analogía, forzada si se quiere, pero útil para pensar las cosas. No obstante, todo eso ya es historia, y ahora hay que abocarse al futuro.

Hacia adelante, quizás convenga citar *Drogas y democracia: hacia un cambio de paradigma*, el ya conocido documento de los ex presidentes latinoamericanos Ernesto Zedillo, Fernando Henrique Cardoso y César Gaviria, junto con otros distinguidos ciudadanos de América Latina. No compartimos todas sus conclusiones y, obviamente, por tratarse de estadistas con puntos de vista políticos, en ocasiones su lenguaje es elíptico, excesivamente equilibrado o deliberadamente ambiguo. Pero constituye el pronunciamiento más explícito, audaz y dotado de autoridad moral y política que ha emanado de la región en años. Por ello representa una colofón apropiado para este pequeño libro.

Las políticas prohibicionistas basadas en la represión de la producción y de interdicción al tráfico y a la distribución, así como la criminalización del consumo, no han producido los resultados esperados… Estamos más lejos que nunca del objetivo proclamado de erradicación de las drogas. Por ello, romper el tabú, reconocer los fracasos de las políticas vigentes y sus consecuencias es una condición previa a la discusión de un nuevo paradigma de políticas más seguras, eficientes y humanas... La cuestión que se plantea es reducir drásticamente el daño que las drogas hacen a las personas, a las sociedades y a las instituciones. Para ello, es esencial diferenciar las sustancias ilegales de acuerdo con el daño que provocan a la salud y a la sociedad. Colombia es un claro ejemplo de las limitaciones de la política represiva promovida globalmente por Estados Unidos. Durante décadas, este país ha adoptado todas las medidas de combate imaginables, en un esfuerzo descomunal, cuyos beneficios no se corresponden con los enormes gastos y costos humanos. A pesar de los significativos éxitos de Colombia en su lucha contra los cárteles de la droga y la disminución de los índices de violencia y de delitos, han vuelto a aumentar las áreas de siembra de cultivos ilícitos y el flujo de drogas desde Colombia y el área Andina... [Por ello es preciso] evaluar la conveniencia de descriminalizar la tenencia de mariguana para consumo personal con un enfoque de salud pública y haciendo uso de la más avanzada ciencia médica.

Notas bibliográficas

Capítulo I

1. Las cifras sobre consumo nacional y latinoamericano de drogas provienen de:

   a. *Encuesta Nacional de Adicciones*, en sus cinco ediciones de los años 1988, 1993, 1998, 2002 y 2008. Secretaría de Salud, Consejo Nacional Contra las Adicciones, México, D.F.

   b. Tapia Conyer, Roberto, Patricia Cravioto, et al., *Encuesta Nacional de Adicciones 1993* y *Consumo de drogas entre adolescentes: resultados de la Encuesta Nacional de Adicciones 1998*. Salud Pública de México, Cuernavaca, México.

   c. Villatoro Velásquez, Jorge Ameth, et al., *Encuesta de estudiantes de la Ciudad de México 2008. Prevalencia y evolución del consumo de drogas*, Salud Pública, Instituto Nacional de Psiquiatría Dr. Ramón de la Fuente, vol.32, n. 4, julio-agosto, 2009.

   Rojas Guiot, Estela, et al., *Tendencias del consumo de drogas 1998 a 2005 en tres ciudades del norte de México: Ciudad Juárez, Monterrey y Tijuana*, Salud Pública, Instituto Nacional de Psiquiatría Dr. Ramón de la Fuente, vol. 32, n. 1, enero-febrero, 2009.

   Organización de Estados Americanos, *Elementos orientadores para las políticas públicas sobre droga en la subre-*

gión: Primer estudio comparativo sobre consumo de drogas y factores asociados a la población. Comisión Interamericana para el Control del Abuso de Drogas, OEA, Lima, Perú, 2008.

2. Los datos referentes al precio de la droga fueron tomados de:

   a. Oficina de las Naciones Unidas contra la Droga y el Delito, *Informe Mundial sobre las Drogas 2009*

3. Los datos referentes a la legalización de las drogas fueron tomados de:

   a. *Arizona Health Care Cost Containment System: Formulary, Arizona,* Gobierno de Arizona, Phoenix, Arizona.
   b. *The Medical Use of Marijuana,* The Drug Policy Forum, Hawaii, julio 2008.
   c. *Oregon Mecial Marijuana Act,* Organization For The Reform of Marihuana Laws, Oregon, Norml Press, Portland, Oregon, 2009.
   d. *Colorado Department of Public Health and Environment, Medical Marijuana Register,* Colorado, junio 2009.

Capítulo II

1. Las cifras de secuestro fueron tomadas de:

   a. Arellano Trejo, Efrén, *Secuestro. Actualización del marco jurídico,* Centro de Estudios Sociales y de Opinión Pública, Cámara de Diputados, México, Marzo de 2009.

b. Sistema Nacional de Seguridad Pública y Consejo Nacional de Población, *Estadísticas de secuestro total y por cada 100 mil habitantes*, Instituto Ciudadano de Estudios sobre la Inseguridad, A.C., México, 2008.

2. Las cifras sobre robo fueron tomadas de:

Arango, Arturo y Cristina Lara, *Sistema de Información Delictiva*, Centro de Estudios México–E.U. e Instituto Nacional de Ciencias Penales, México, 2006.

3. Las cifras de homicidios dolosos fueron tomadas de:

a. Sistema Nacional de Seguridad Pública y Consejo Nacional de Población, *Estadísticas de Homicidios del orden común, homicidios culposos del orden común y homicidios dolosos total y por cada 100 mil habitantes*, Instituto Ciudadano de Estudios sobre la Inseguridad, A.C., México, 2008.
b. *Sexta Encuesta Nacional sobre Inseguridad 2009*, Instituto Ciudadano de Estudios sobre la Inseguridad, A.C., México, 2009

4. Las cifras sobre la opinión pública en materia de causas de la inseguridad fueron tomadas de:

a. Ipsos-Bimsa en las siguientes series:
    i. *Encuesta de Opinión Pública Nacional*, Septiembre 2006.
    ii. *Demandas ciudadanas para el próximo Presidente de la República*, julio de 2005.
    iii. *Encuesta Nacional: Seguridad y Democracia*, agosto de 2007.

iv. *Encuesta sobre Seguridad*, agosto de 2008.

5. Las cifras sobre ejecuciones en México provienen de:

a. López, Rafael y Melissa del Pozo, "Julio, el mes más violento del sexenio: 854 ejecutados" y "Junio, el mes más violento del sexenio", periódico *Milenio*, México, 1 de julio y 1 de agosto de 2009, México.

b. "Conteo sabatino de ejecutados semanalmente", periódico *Reforma*, versión impresa, diciembre de 2006 a julio de 2009, México.

6. Los datos sobre la victimización en el D.F. y la zona metropolitana son de:

a. Bergman, Marcelo y Rodolfo Sarsfield. *Encuesta de Victimización y Eficacia institucional 2008*. Centro de Estudios de Investigación y Docencia Económica, julio de 2009.

7. Los datos en relación a las principales preocupaciones de los mexicanos antes de las elecciones de 2009:

a. Consulta Mitofsky, *Monitor mensual de economía, gobierno y política*. Julio 2009

b. GEA–ISA, *Escenarios Políticos, 2007-2009. Cambio y continuidad*, Segunda Encuesta Nacional GEA–ISA 2009, Reporte gráfico de resultados, mayo 2009.

c. Demotecnia, 48%: "Calderón gobierna regular, no ha hecho gran cosa"; 62%: "Calderón no resuelve inseguridad porque no quiere o no puede", 23 de febrero de 2009.

6. Los datos sobre la percepción ciudadana de la seguridad provienen de:

   a. Consulta Mitofsky, *Percepción ciudadana sobre la ceguridad en México*, Consulta Mitofsky para México Unido contra la Delincuencia, publicada en Agosto de 2009.
   b. MundAméricas, *La seguridad pública como un asunto de guerra*, Reporte de Opinión y Política, Serie 7, Número 30, 12 de noviembre de 2007.

7. Los datos de la opinión pública en relación con la "guerra contra el narcotráfico":

   a. García Davish, Francisco y Omar Sánchez de Tagle, "Se recrudece la *narcoguerra* en Michoacán", periódico *Milenio*, 14 de julio de 2009, México.
   b. Demotecnia "63%: "La vía policial y militar contra el narco es un fracaso en América Latina". 53% "No se debaten alternativas por prejuicios e imposición de EE.UU."" 16 de Febrero de 2009.

8. Los datos sobre las respuestas gubernamentales a la "guerra contra el narcotráfico"

   a. "Crecen decomisos y consumo de droga", periódico *Reforma*, 20 de julio de 2009, México.
   b. Ordaz, Pablo, "El crimen organizado estaba tocando a las puertas del Estado", entrevista a Eduardo Medina Mora, procurador general de la República, periódico *El País*, 23 de noviembre de 2008, México.

Capítulo III

1. Los datos sobre la penetración del narcotráfico en esferas políticas e institucionales en México provienen de:

   a. De la Madrid H., Miguel. *Cambio de Rumbo. Testimonio de una Presidencia, 1982-1988*. Fondo de Cultura Económica, México, 2004.
   b. Enciso, Froylán, "Drogas, narcotráfico y política en México: protocolo de hipocresía", en Ilán Bizberg y Lorenzo Meyer, *Una historia contemporánea de México*, Océano y Colegio de México, tomo 4, México, 2009.
   c. Poppa, Terrence E. *The Drug Lord, The Life and Death of a Mexican Kingpin*, Demand Publications, Seattle, Estados Unidos, segunda edición, 1998.
   d. Poppa, Terrence E, *El zar de la droga*, Selector, México, febrero 1991.

Capítulo IV

1. Las cifras sobre armas fueron tomadas de:

   a. Nogueda Coss, Magda, *Armas pequeñas y ligeras: Caso México*, Centro Mexicano de Análisis Estratégico y Negociación, Oxfam Internacional, septiembre 2005.
   b. *Small Arms Survey 2007 y 2009*, Instituto Superior de Estudios Internacionales, Ginebra, Suiza.
   c. *Small Arms in Latin America in The Aftermath of NACLA Study*, Council on Hemispheric Affairs, Washington, D.C., 2009.

d. *U.S. Efforts to Combat Arms Trafficking to México Face Planning and Coordinatios Challenges*, GOA, Washington, D.C., 2009.

d. *Sistema de rastreo de armas: del 1 de enero de 2007 a 31 de diciembre de 2007*, Departamento de Justicia, Buro de Alcohol, Tabaco, Armas y Explosivos, Oficina de Inteligencia Estratégica e Información, Washington, D.C., 2008.

Capítulo V

1. Las cifras de precios históricos de la cocaína fueron tomadas de:

a. Fries, Arthur, Robert W. Anthony, et al., *The Price and Purity of Illicit Drugs: 1981-2007*. Institute For Defense Analyses (IDA), Washington, D.C. Estados Unidos.

b. U.S. Department of Justice. "U.S. Cocaine Market Disrupted Prices Continue 21 months Surge". Drug Enforcement Administration, Estados Unidos, diciembre 2008.

c. Walsh John. *Lowering Expectations Supply Control and the Resilient Cocaine Market*, Washington Office on Latin America, Abril 2009.

d. Drug Enforcement Administration, "Violence along the Southwest Border", Drug Enforcement Administration, Statement of Joseph M. Arabit, Special Agent in Charge El Paso Division, Estados Unidos, marzo 2009.

2. Los datos sobre la industria ilegal de drogas fueron obtenidos de:

a. Maertens, Francis y Amado Philip de Andrés, "David contra Goliat: ¿pueden México, Centroamérica y el Caribe combatir con eficacia el narcotráfico, la delincuencia organizada y el terrorismo?", Fundación para las Relaciones Internacionales y el Diálogo Exterior, Febrero 2009.

b. Thoumi, Francisco E. *Crime & Globalization: The Numbers Game*. Transnational Institute, diciembre de 2003.

c. Oficina de las Naciones Unidas contra la Droga y el Delito. *Informe Mundial sobre las drogas 2009*, Oficina de las Naciones Unidas contra la Droga y el Delito.

3. La información sobre las reuniones entre altos mandatarios de México y Estados Unidos se obtuvo de:

a. Enciso, Froylán, "Drogas, narcotráfico y política en México: protocolo de hipocresía", en Ilán Bizberg y Lorenzo Meyer, *Una historia contemporánea de México*, Océano y Colegio de México, tomo 4, México, 2009

Capítulo VI

1. Las cifras sobre delitos y las FARC en Colombia se obtuvieron de:

a. Ministerio de Defensa Nacional, *Avance de la política de defensa y seguridad*, Ministerio de Defensa Nacional, Información Estadística, Colombia, 2009.

b. Ministerio de Defensa Nacional de la República de Colombia. *Las FARC en el peor momento de su historia*, Colombia, 2008.

2. Las cifras sobre la siembra y cultivo de hoja de coca fueron obtenidas de:

a. Bureau for International Narcotics and Law Enforcement Affairs, *International Narcotics Control Strategy Report (INCSR)*, Estados Unidos, marzo 2009.
b. Office of National Drug Control Policy. *Making the Drug Problem Smaller, 2001-2008*. Estados Unidos, Enero 2009.
c. United States Government Accountability Office, *Plan Colombia, Drug Reduction Goals Were Not Fully Met, but Security Has Improved; U.S. Agencies Need More Detailed Plans for Reducing Assistance*, Government Accountability Office, Estados Unidos, octubre 2008.
d. United Nations Office on Drugs and Crime y Gobierno de Colombia, *Colombia Coca Cultivation Survey for 2008*, United Nations Office on Drugs and Crime y Gobierno de Colombia, junio 2009.

3. Los datos sobre el Plan Colombia se obtuvieron de:

a. United States Agency for International Development. *Assessment of the Implementation of the United States Government's Support for Plan Colombia's Illicit Crop Reduction Components*. Agencia de Estados Unidos para el Desarrollo Internaconal (USAID), Estados Unidos, abril 2009.

Siglas y acrónimos empleados

Agencia Antidrogas (DEA, *Drug Enforcement Administration*)
Agencia Central de Inteligencia (CIA, *Central Intelligence Agency*)
Agentes del Orden Público contra la Prohibición (LEAP, *Law Enforcement Against Prohibition*)
Alianza para una Política sobre las Drogas (DPA, *Drug Policy Alliance*)
Asamblea Popular de los Pueblos de Oaxaca (APPO)
Asociación Nacional del Rifle (NRA, *Nacional Rifle Association*)
Auditoría Superior de la Federación (ASF)
Autodefensas Unidas de Colombia (AUC)
Buró Federal de Investigaciones (FBI, *Federal Bureau of Investigation*)
Centro de Crimen y Narcóticos (CNC, *Crime and Narcotics Center*)
Centro de Inteligencia Nacional para las Drogas (NDIC, *National Drug Intelligence Center*)
Centro de Investigación y Docencia Económicas (CIDE)
Centro de Investigación y Seguridad Nacional (Cisen)
Comité de Turismo y Convenciones de Tijuana (Cotuco)
Consejo Nacional contra las Adicciones (Conadic)
Consejo Nacional de Población (Conapo)
Ejército de Liberación Nacional (ELN)
Ejército Popular Revolucionario (EPR)

Fuerzas Armadas Revolucionarias de Colombia (FARC)

Instituto de Análisis de Defensa (IDA, *Institute for Defense Analyses*)

Instituto Ciudadano de Estudios Sobre la Inseguridad (ICESI)

Instituto de Estudios de la Religión (ISER)

Instituto Nacional de Psiquiatría "Dr. Ramón de la Fuente" (INPRF)

Instituto Superior de Estudios Internacionales de Ginebra (IHEI, *Institute Universitaire de Hautes Études Internationales*)

Junta Internacional de Fiscalización de Estupefacientes (JIFE)

Oficina de Control de Bebidas Alcohólicas, Tabaco, Armas de Fuego y Explosivos (ATF, *Bureau of Alcohol, Tobbaco, Firearms and Explosives*)

Oficina de las Naciones Unidas contra la Droga y el Delito (UNODC, *United Nations Office on Drugs and Crime*)

Oficina de la Política Nacional de Control de Drogas (ONDCP, *Office of Nacional Drug Control Policy*)

Oficina en Washington para Asuntos Latinoamericanos (WOLA, *Washington Office on Latin America*)

Organización de las Naciones Unidas (ONU)

Organización Mundial de la Salud (OMS)

Organización de los Estados Americanos (OEA)

Organización para la Cooperación y el Desarrollo Económico (OCDE)

Procuraduría General de la República (PGR)

Secretaría de la Defensa Nacional (Sedena)

Secretaría de Salud (SS)

Secretaría de Seguridad Pública (SSP)

Sistema Nacional de Seguridad Pública (SNSP)

Este libro se termino de imprimir
en diciembre de 2009 en COMSUDEL S. A. de C. V.,
en Real Madrid #57 Col. Arboledas del Sur
C. P. 14370, Tlalpan, México, D. F.